“二战战败国的改造与反省之路”比较研究丛书

孟钟捷 主编

从改造到自省

战后美国对德反亲善政策探微

沈辰成　著

黄山书社

图书在版编目(CIP)数据

从改造到自省——战后美国对德反亲善政策探微/孟钟捷主编，沈辰成著. —合肥：黄山书社，2015.6
（“二战战败国的改造与反省之路”比较研究丛书）
ISBN 978-7-5461-5060-4

Ⅰ.①从… Ⅱ.①孟… ②沈… Ⅲ.①美国对外政策-研究-德国 Ⅳ.①D871.29

中国版本图书馆 CIP 数据核字(2015)第 138903 号

CONG GAIZAO DAO ZIXING——ZHANHOU MEIGUO DUI DE FAN QINSHAN ZHENGCE TANWEI

从改造到自省——战后美国对德反亲善政策探微 孟钟捷 主编 沈辰成 著

出品人 任耕耘
总策划 任耕耘
执行策划 马 磊 王舒彦
责任编辑 王舒彦
责任校对 徐佩兰
装帧设计 未 氓
出版发行 时代出版传媒股份有限公司(http://www.press-mart.com)
黄山书社(http://www.hspress.cn)
地址邮编 安徽省合肥市蜀山区翡翠路 1118 号出版传媒广场 7 层 230071
印 刷 安徽国文彩印有限公司
版 次 2015 年 8 月第 1 版
印 次 2015 年 8 月第 1 次印刷
开 本 700mm × 1000mm 1/16
字 数 200 千
印 张 17
书 号 ISBN 978-7-5461-5060-4
定 价 45.00 元

服务热线 0551-63533706
销售热线 0551-63533761
官方直营书店(http://hsssbook.taobao.com)

序一

王斯德

2015 年,人类迎来了世界反法西斯战争胜利 70 周年的神圣时刻,全球各地举行了多种多样的纪念活动。人们在这一重大的纪念时刻,不由得对历史进行深沉思索,对未来作深刻思考。

从永定河畔的卢沟桥,到来凤山下的国殇园,从欧洲大陆的格但斯克,到太平洋之滨的东京湾,遍布世界的警钟正逐一敲响:铭记历史,捍卫和平。

第一次世界大战结束仅隔 21 年,战争的伤口还未愈合,为什么人类又急速重蹈覆辙,陷入第二次世界大战的空前灾难和浩劫?人们从中应记取什么历史教训?人类怎样才能避免历史悲剧的再次重演?这是世人深切关注的时代议题。对此,人们可以多视角、多领域、多层次地进行研究探讨。由孟钟捷教授主编、黄山书社出版的"二战战败国的改造与反省之路"比较研究丛书则从战败国改造与反省的比较角度叙述和剖析了西方战胜国对德、日战败国处置的方针和措施,战败国德国、日本执政当局对侵略战争所采取的立场、态度和实际作为,以及造成两国不同差别的原因和结果。问题意识鲜明,针对性和现实感强,富有启迪警示意义。

铭记历史，不是为了延续仇恨，更不是为了播种新仇的种子，相反，是为了捍卫和平，彻底根除产生法西斯主义、军国主义复仇的土壤和环境。想当初，希特勒纳粹党就是在一战后德国不甘失败、不肯认罪的历史背景下，借助煽动和利用民族复仇思潮而发动了罪恶的侵略战争，这一血的历史教训值得后人铭记。本丛书是以铭记历史、捍卫和平为主旨建构全书的框架体系，展开精细深入的阐释解析。

总的来说，德国进行了较深的反省，认罪服罪的态度较好，历届政府领导人都承认希特勒德国发动了侵略战争，德国对其后果愿“全面承担责任”，并向当年受害国和受害人道歉、赔偿，请求宽恕。联邦德国总理勃兰特在华沙犹太人殉难者碑前双膝下跪，真诚之心令世人感动，德国的历史教科书对青年一代进行了理性的正面教育。德国的知罪认罪、幡然悔悟、决意归正等一系列的言行赢得了欧洲和世界人民的谅解和尊敬，使整个国家终于“战胜过去”，摆脱了70年前的历史包袱，告别了野蛮、邪恶、黑暗的旧时代德国，开创了民族复兴的新未来。值得指出的是，丛书对德国的改造和反省并不简单化地加以记述，而是强调德国对二战的反省经历了逐步深化和曲折起伏的过程，德国历史观的转变，也经历了从被迫到自觉的过程，这使读者更真实地理解历史发展的复杂性和深刻性。

当人们的目光从欧洲的德国转向亚洲的日本，看到的则是另一番的景象。丛书以广阔的国际视野，对日本社会在战争记忆中形成的复杂局面作了深入的论析，不仅观察了战败国是否真正反躬自省，而且审视了战胜国是否有效地推动战败国走向新生。战后单独拥有占领权的战胜国出于自身的利益和霸权意图，违反国际公约精神，对日本军国主义没有进行全面彻底的清算和实行有效的根除措施，致使右翼势力始终得以潜伏、滋长。他们不服输、不认罪、不悔罪，千方百计地歪曲、篡改、伪造历史，掩盖侵略战争的本质，在反对“自虐型历史观”的幌子下，与周边受害国家进行了马拉松式的“历史认识之争”，拒绝向被侵略受害国家认罪道歉。可笑的是，甚至连战败的事实也不肯公然承认，竟将战败称为“停战”。近期来，在右翼势力的鼓动支持下，日本不断按扭曲的历史价值观修改历史教科书，并举行规模日益扩大的参拜靖国神社活动，更为严重的是变本加厉地蓄谋修改和平宪法，强行解禁集体自卫权，壮大日本自卫队，妄图实现重新武装，成为军事大国。所有这些倒行逆施的言行怎能让爱好和平的亚洲人民和世界人民放心、安心？

世界持久和平不会自然到来，和平需要努力争取，日本能否走和平的道路，要靠国际社会的合力推动（包括德国自我反省正面榜样的影响），要靠曾受日本侵略的国家和人民督促鞭策，更要靠日本全体人民清醒地面对历史，面对现实，自觉反省，自我改造，走自赎自救的光明之路。路在何方，相信认真阅读本丛书的读者都会从中得到有益的启示。

丛书注重科学性、学术性与公众性、通俗性相结合，以面向大众、普及历史教育、培育公众历史意识为宗旨，表达风格上力求通俗流畅、生动形象，可读性强，富有感染力，力避引证繁杂和书写外国史时常见的洋腔洋调，在融入国际二战文化中保持中国学者的风格特色。

丛书十分注意科学性，遵守学术规范，求真求实，做到言之有据，持之有故，不尚空谈，不随意武断定论，使读者的认识获得自由深化的天地。

近年来，丛书的主编孟钟捷教授积极倡导和践行公众史学的研究和著述，组建了一支以中青年为主的写作团队，并联合相关的出版团队，共同为推进公众史学的发展繁荣辛勤耕耘。丛书的出版就是一个可喜的成果，值得庆贺，衷心祝愿各位继续执着前行，硕果累累，成就斐然。

读罢丛书有感，略述数语，权充序。

【王斯德为华东师范大学历史学系教授，曾任华东师范大学历史学系主任、人文学院院长，教育部高等学校历史学科教学指导委员会委员，中国二战史研究会副会长；现任《历史教学问题》主编。】

序二

孟钟捷

每到重大周年纪念时刻，历史工作者总会自然而然地去思考“历史记忆”的意义究竟何在等一类的宏大问题。2015年是中国人民抗日战争暨世界反法西斯战争胜利70周年，这种思考当然得继续下去。

历史记忆一般可分为两类：个体的和集体的。个体历史记忆虽因主体经验的差异性而色彩斑斓，但由于身体机理的缘故，终究会随着肉身死亡而消退。与此相反，集体历史记忆虽因统一的旨趣而略显单调，但它可以借助各类媒介，在一段时间内保持延续性，并成为特定历史条件下特有社会文化的反映。

对于发生在70年前的这场世界大战而言，硕果仅存的盟军老兵、不断被噩梦惊醒的慰安妇、永生背负罪责的行凶者等，当然是亟须通过口述方式来加以抢救的二战见证。但相比之下，关于二战的集体记忆及其形成机制，因其涉及面之广、内涵之深，才是当代历史学界极为关注的对象。特别是在对德国、日本两个战争元凶国家的对比研究中，人们感兴趣的问题是：1945年后，它们究竟是如何看待这段“历史负担”的？它们的立场何以形成？又怎样发生变化?

一般认为,德国的认罪态度要好于日本。这不仅反映在德国政治家们不厌其烦地向当年受害对象道歉与赔偿的行动中,而且还实实在在地体现于历史教科书中长达数十页的“犹太大屠杀”描述里。不过,德国历史学家曼弗雷德·基特尔(Manfred Kittel)告诉我们,德国的罪责观其实也经历了漫长的转变过程。被占领时期德国人对纽伦堡审判的认可态度,很快随着建国初期追求“正常化”的心理而下降,大量前纳粹分子由于“大赦”而重新进入公共生活。尽管如此,基督教回忆文化的自责特征、第一代领导人的谨慎立场、保守派历史学家们的巧妙诠释(即把纳粹历史与德国文化区分开来)、记者们探求真相的不懈努力和左翼知识分子们的冷静态度,特别是来自美国与周边国家的压力,才一步步地促使“奥斯维辛”进入到德国的国家记忆中。20 世纪 60 年代的学生运动最终完成了这种转变。自此之后,与纳粹主义的清晰切割成为社会共识,“历史负担”反倒扮演了联邦德国在历史政治中的前进动力。

与此相反,日本的罪责观远远落后于德国,如基特尔所言,“深陷于政治实用主义”。随着时间的推移,在日本,东京审判的认可度不断下降,把战犯视作“烈士”的观点反而越来越受到拥护。对此,基特尔认为,“耻感文化”的内因解释并不足以让人理解日本对待“历史负担”的基本立场。与德国相比,日本的根本性差异在于战后所面临的“完全不同的框架条件”:首先,美国单独占领日本,免除天皇的战争罪责,匆忙结束“政治整肃”以应对“冷战”格局;其次,被侵略国十分轻易地放弃了对日本进行战后改造的强力监督,甚至出现了东京审判时印度法官以日本侵略造成殖民帝国后退为由对所有被告做无罪释放的提议；再次，与强大的美国犹太人势力相比，亚洲被侵略国在美国的侨民无法形成有效的院外游说力量，来对美国的日本政策施加影响；最后，更为重要的是，全球二战记忆文化中的“核爆炸画面”让日本形成了建立在广岛经验之上的“耿耿于怀的受害者意识”，以至于在日本公众意识中，并没有彻底与极端民族主义和战争罪行划清界限。

值得关注的还有两国右翼翻案的效果比较。在德国，右翼提出了“德累斯顿遭受盟军轰炸而遇难的平民”“战后初期东部疆界变动中被迫迁徙的德意志人”等悲情话题。但无论怎样，这些讨论都遭到了“犹太大屠杀唯一性”的阻击，奥斯维辛的种族灭绝特性让其他战争罪行都黯然失色。在日本，广岛和长崎被界定为“遭受核爆炸种族灭绝”的纪念地。这种说法不仅得到了日本民众的认可，也得以成为全球二战记忆文化的两张经典图片之一（另一张就是“犹太大屠杀”）。日本右翼以此来固化“受害者”情结，并借此推动历史教科书的改写。在这一点上，基特尔以德国人的视角，提出了一个十分有趣的比较结论：日本右翼与第二次世界大战的关系，整体上类似于魏玛共和国时期德国右翼与第一次世界大战的关系——即以充满闪烁的言论来否认“侵略”与“战败”的事实，进而用蛊惑人心的认同需求来刺激所谓的“民族自豪感”。

当然，如同战犯与民众之间的关系错综复杂那样，当下德国、日本两国的高层罪责观与老百姓的历史认识之间也存在着既相互支持，又相互排斥的关系。政客们看待“历史负担”的模式，毫无疑问地受到了暗潮涌动的“民意”鼓励。这在德国表现为20世纪80年代初新任总理科尔大谈“晚生的幸福”，而在日本便出现了首相参拜靖国神社之举。但是,两国都存在着明显的代际冲突,青年人并没有放弃对战争一代的“历史清算”。在德国,当批判近代德意志人抱有所谓“灭绝性种族主义”观念的著作遭到老一代知识分子抵制时,青年人却把该书作者奉为偶像;在日本,因历史教科书事件而长期上诉的家永三郎先生也不乏青年支持者。这是我们判断当下德国、日本政治文化不可忽视的社会特征。①

为了进一步从历史视角来剖析德国、日本两国战后反省道路的异同性,本套丛书的第一批四本专著首先从个案角度探讨下列四个具体问题:(1)外部力量(美国)在改造德国进程中的政策为何遭遇困境?(2)作为大国合作机制的重要产物,盟国对德管制委员会是如何在矛盾动荡中塑造一个新德国的?(3)日本战后的经济外交(战争赔偿问题与日本对外经济援助)如何反映日本对于战争罪责问题的回避?(4)日本社会在战争记忆中形成了怎样的复杂局面?

作者中既有在学界已获得崇高声望的历史学家,又有“初生牛犊不怕虎”的史坛新人。感谢他们从各自擅长的角度,对学界一直关注的重大问题,提供了翔实而别出心裁的回应。这些研究无疑是对二战记忆研究的深化和推进。笔者希望以此为基础,在接下去的一系列专著、译著中,能够一步步地夯实我们在这些方面的历史认知。

笔者还要感谢德高望重的王斯德教授。感谢他一直支持笔者

---

① 参见曼弗雷德·基特尔:《纽伦堡和东京审判之后——1945—1968年日本与西德的“历史清算”》,吕澍、王维江译,上海:上海交通大学出版社,2014年。上述部分内容已由笔者发表在《文汇报》2015年3月31日“文汇学人”栏目中。

在二战记忆比较研究方面的工作,并慷慨应允为本套丛书作序。

笔者特别感谢黄山书社诸位社领导的大力支持,使得本书能够赶上二战胜利70周年的重大纪念时刻顺利付梓。

这套丛书的责任编辑是笔者的学生王舒彦。从2006年开始,笔者作为他的本科基地班导师,看着他一步步从青涩学生成长为今天兼具历史学识与市场判断力的"书场弄潮儿"。笔者十分愿意、也更为欣慰地迎接首套师生合作的智慧果实。当然,其中若存在任何不妥之处,当有笔者来承担。恳请各位读者不吝赐教(笔者邮箱:dehnmeng@ sohu. com)。

目　录

导 论*

一、问题缘起

二战回忆录《兄弟连》记载了一个小故事。1945 年春，德军溃败，美军长驱直入德国境内。某日，美军 101 空降师的士官杰克·E·福利(Jack E. Foley, 1922 - 2009)正在挑选民宅过夜，巧遇两个美国步兵和两个德国姑娘相谈甚欢。福利顿时暴跳如雷，他斥责二人的行为恶劣透顶、令人发指、严重违规，必须绝对禁止，最后直接勒令他们滚蛋。挨骂的两个步兵百口莫辩，只得悻悻而去。①

---

* 封面图片为 1945 年 6 月德国柏林的勃兰登堡门。图片来源为 Carl Weinrother, *Berlin*, *Brandenburger Tor und Pariser Platz*, German Federal Archives, *Presse - und Informationsamt der Bundesregierung - Bildbestand* (*B 145 Bild*), B 145 Bild - P054320. 转引自 https://de.wikipedia.org/wiki/Brandenburger_Tor#/media/File:Bundesarchiv_B_145_Bild - P054320,_Berlin,_Brandenburger_Tor_und_Pariser_Platz.jpg.

① 斯蒂芬·E·安布罗斯:《兄弟连》，王喜六等译，南京：译林出版社，2003 年，第 294 页。Friedrich Baerwald, "Non-Fraternization: A Case Study of the Breakdown of an 'Operational Concept'", *The American Catholic Sociological Review*, Vol. 7, No. 1 (Mar., 1946), p. 17；另外参见 Petra Goedde, *GIs and Germans*: *Culture*, *Gender*, *and Foreign Relations*, *1945 - 1949*, New Haven & London: Yale University Press, 2003, p.43.

这件战时逸事,真实反映了第二次世界大战结束前后,以美国为首的盟国在德国实施反亲善政策的历史事实。1944 年 9 月 12 日,盟国远征军最高指挥部(Supreme Headquarters Allied Expeditionary Force,简称 SHAEF)命令所属各部,除非经过特别授权,否则禁止盟军以任何方式接触德国军人、官员和民众。美国人把这项举措命名为"反亲善政策"(Non-Fraternization Policy),德国称其为"亲善禁令"(Fraternisierungsverbot)。美国政府试图凭借这项措施,以"别理德国人"这种象征性的方式,惩戒全体德国人对纳粹战争暴行所负有的"集体罪责"。不过,反亲善政策实际执行中乱象丛生,禁令始终难以奏效。1945 年 10 月 1 日,盟国对德管制委员会(Allied Control Council for Germany,简称 ACC)撤销了反亲善政策。

反亲善政策的基础是"集体罪责"的观念——"所有德国人过去都曾经是、现在依然是潜在的纳粹分子",全体德国人都必须为纳粹的倒行逆施承担罪责。[①] 这种观点虽然是一种政治立场,但与战时西方社会对德国历史的诠释关系密切。本书意图探讨的核心问题在于:源于德国"集体罪责"历史观念的反亲善政策,在同盟国改造战后德国的进程中发挥了何种影响?

---

① Friedrich Baerwald, "Non-Fraternization: A Case Study of the Breakdown of an 'Operational Concept'", *The American Catholic Sociological Review*, Vol. 7, No. 1 (Mar., 1946), p. 17;另外参见:Petra Goedde, *GIs and Germans: Culture, Gender, and Foreign Relations, 1945 - 1949*, p. 43.

二、国内外研究状况

反亲善政策在国际和国内学术界受关注程度差异较大。国内学术界对反亲善政策的研究不多，主要是从专题史的角度，如民主化改造或女性史等方面，论及反亲善政策对战后德国社会的影响；国际学术界关于反亲善政策的研究较为丰富，其发展趋势是：从单一的政治史视角，转为融合社会史的多元维度；从自上而下地探讨政策得失，逐渐转向自下而上地反思社会观念与政治决策的关系。

(一)国际研究动态

国际学术界对反亲善政策的研究相当丰富，主要分为三个类型：(1)同时代亲历者和观察者对于反亲善政策的评论与回忆；(2)对美国军政府的历史研究，论及反亲善政策；(3)从多元视角出发对反亲善政策的研究。从时间上看，三个类型的研究先后出现，分别盛行于二战后初期（德国被同盟国分区占领时期）、"冷战"时期（德国分裂以后）和后"冷战"时期（20世纪90年代以后）。下文将会逐一分析和列举一些主要的研究成果，最后总结其发展趋势。

(1)同时代人对反亲善政策的评论

在今人的视野中，亲善禁令只是波澜壮阔的大时代中一个无关紧要的小插曲，但是在二战结束前后，人们对打败、占领和改造纳粹德国的关注程度丝毫不亚于当代人对阿富汗和伊拉克战争的关心。反亲善政策堪称当时最受争议的话题之一。记者、评论家和亲历者根据切身体验，率先对反亲善政策做出了立场鲜明的评述。

1945年7月2日，美国《生活》(*Life*)杂志以《"亲善"——这个词在德国有了全新的含义》("Fraternization—The word takes on a brand-new meaning in Germany")为题刊登的报道是当时新闻界评价反亲善政策的典型案例。这篇报道指出，亲善禁令执行中乱象丛生，英美占领区内部对反亲善分歧不断，政策面临窘境。不过，这篇文章的立场显然有失偏颇，他把问题归咎于德国人的"阴险狡诈"。①

占领亲历者评论反亲善政策的例子包括1947年军政府编写的报告《占领的第一年》(*The First Year of the Occupation*)以及美国驻德军政府首脑卢西亚斯·D·克莱(Lucius D. Clay, 1897－1978)将军的记述等。1945年6月29日，克莱指出："显然反亲善政策在士兵中间极不受欢迎，而且从很多方面看，他们的想法无可厚非。其中很多是'男孩—女孩问题。'"②克莱对反亲善政策碰壁原因的理解，代表了大部分占领亲历者的观点。军政府的内部人士摆脱了新闻记者强烈的反德情绪，但他们仍然局限于对表面现象的直观感受，对政策本身缺乏深刻反思。

另外，一些知识分子也对亲善禁令做出了评论，例如弗里德里希·贝尔瓦德撰写的《反亲善政策："军事行动观念"失败的个案研究》(Friedrich Baerwald, "Non-Fraternization: A Case Study of the Breakdown of an 'Operational Concept'", *The American Catholic*

---

① Percy Knauth, "Fraternization—The word takes on a brand-new meaning in Germany", *Life*, Jun. 2 1945, p. 26.

② Jean Edward Smith (ed.), *The Papers of General Lucius D. Clay*, Bloomington: Indiana University Press, 1974, p. 42.

Sociological Review)。作者从社会学角度出发,猛烈抨击反亲善政策。他认为反亲善政策误判了德国局势,因而势必失败,不过由于完全依赖公开报道作为论据,贝尔瓦德对禁令的起源和措施等问题明显存在误解。[①]

从上述例证可以发现,同时代人对反亲善政策的评论,通常都认识到反亲善政策在实施中遭到的挫败并试图分析受挫的原因。由于当时的评论者们主要依赖感性经验和新闻报道,对于反亲善政策的由来、英美盟军内部的分歧、德国人的反应等缺乏系统的分析,所以这些评价往往犀利有余而深刻不足,而且通常局限于美国人的一面之词,忽略或妖魔化德国人的作用。不过,这些报道反过来也为后人对反亲善政策的研究提供了第一手资料。

(2)美国占领军政府历史叙述中的反亲善政策

随着"冷战"的迅速升级,美国人审视德国的视角发生剧变。德国问题被东西方问题取代;强烈的反德情绪被反苏反共情绪压倒;德国从纳粹暴行的施害者摇身一变成了极权主义的受害者。[②]美国驻德军政府在柏林危机和德国分裂中扮演了重要角色,因而引起了许多欧美学者的广泛关注。

"冷战"时期,涌现了大量关于对德占领和军政府的研究,它们主要从政治史的角度,反思战后美国对德国的占领和改造。属于这种范式的著作主要包括:富兰克林·M·戴维斯的《征服者来

① Friedrich Baerwald, "Non-Fraternization: A Case Study of the Breakdown of an 'Operational Concept'", *The American Catholic Sociological Review*, Vol. 7, No. 1 (Mar., 1946), pp. 15-23.

② Henry Cord Meyer, *Five Images of Germany*, *Half a Century of American Views on German History*, Washiongton D. C.: Service Center for Teachers of History, 1960, pp. 35-51.

了:美军占领德国(1945—1949)》(Franklin M. Davis, Jr., *Came as a Conqueror*: *The United States Army's Occupation of Germany*, *1945 - 1949*, 1967);奥利弗·J·弗雷德里克森的《美国对德军事占领(1945—1953)》(Oliver J. Frederiksen, *The American Military Occupation of Germany*, *1945 - 1953*, 1953);约翰·金贝尔的《美国占领下的德国社区:马尔堡(1945—1952)》(John Gimbel, *A German Community under American Occupation*: *Marburg*, *1945 - 1952*, 1961);爱德华·佩特森的著作《美国对德国的占领:向胜利退却》(Edward Peterson, *The American Occupation of Germany*: *Retreat to Victory*, 1977);哈罗德·辛克的《美国在德国(1944—1955)》(Harold Zink, *The United States in Germany*, *1944 - 1955*, 1957);尤金·戴维森的《德国的死亡与重生》(Eugene Davidson, *The Death and Life of Germany*, 1959)等。

上述著作大部分或多或少都论及了反亲善政策。普遍的观点是:战后美国的对德政策普遍过于严苛、缺乏弹性,反亲善政策亦是如此。它们是美国外交决策中的一次失误,导致战后美国在德国一度陷入被动,险些致使德国落入苏联之手。例如厄尔·齐姆克的《德国占领区的美军(1944—1946)》(Earl Ziemke, *The U. S. Army in the Occupation of Germany*, *1944 - 1946*, 1975)就利用档案专章论述了美国酝酿和废除反亲善政策的决策过程,不过基本没有涉及德国人的反应。①

齐姆克和其他研究美国军政府的学者的长处主要在于,通过

---

① Earl Ziemke, *The U. S Army in the occupation of Germany*, *1944 - 1946*, Washington: Government Printing Office, 1975, p. 97.

研究档案史料，理清了有关反亲善政策的决策过程；其局限在于单一的政治史视角，很大程度上忽略了反亲善政策在战后德国社会生活中的多重作用，同时仍然局限于美国人的单方面视角，不重视德国人的作用。

(3)从多元视角审视反亲善政策

20世纪90年代后，随着文化史和社会史研究的兴起，国际学术界对反亲善政策的阐释出现了一次新的转折。一方面，学者们不再局限于从单一视角评价反亲善政策的得失，而是试图综合社会观念、日常生活、两性关系和历史记忆等多维视角，探讨反亲善政策在二战至“冷战”间德国社会剧变中的作用。

例如约翰·科斯特罗的著作《美德与战火：第二次世界大战如何改变了我们的社会和性观念》(John Costello, *Virtue under Fire: How World War Two Changed Our Social and Sexual Attitudes*, 1985)就从社会史角度，探讨了亲善禁令与第二次世界大战前后西方性观念演变的关系。①

约翰·威洛比的论文《德国占领初期美国士兵的性生活》(John Willoughby, "The Sexual Behavior of American GIs during the Early Years of the Occupation of Germany", 1998)通过对士兵日常生活的复原，呈现了在反亲善政策的背景下，美军士气低落和军纪涣散。在以往的历史叙事中，这一点往往遭到遮蔽。②

---

① John Costello, *Virtue under Fire: How World War Two Changed Our Social and Sexual Attitudes*, Boston: Little, Brown and Company, 1985.

② John Willoughby, "The Sexual Behavior of American GIs during the Early Years of the Occupation of Germany", *The Journal of Military History*, Vol. 62, No. 1 (Jan., 1998), pp. 155 - 174.

另一方面，一部分学者通过历史记忆的视角，复原了此前长期被忽略的德国人的反应。例如佩里·比迪斯康比撰写的论文《危险关系：德国和奥地利美占区的反亲善运动（1945—1948）》（Perry Biddiscombe, "Dangerous Liaisons: The Anti-Fraternization Movement in the U. S. Occupation Zones of Germany and Austria, 1945 - 1948", 2001），这篇文章阐明了战后德国社会对于同胞私通外国军人的行为，实际上也是激烈抵制的；[①]伊丽莎白·亨内曼撰写的论文《妇女的时刻：德国"危机年代"的记忆和西德的国家认同》（Elizabeth Heineman, "The Hour of the Woman: Memories of Germany's 'Crisis Years' and West German National Identity", 1996）[②]则从历史记忆的角度，研究了德国人如何记忆"亲善者"——占领军的德国情妇，并且使"亲善活动"的经历服务于本民族身份认同的重建。

在这些论著中，最重要的两个案例分别是德国学者约翰内斯·克莱恩施密特的著作《"请勿亲善"，德美友好关系的艰难起步（1944—1949）》（Johannes Kleinschmidt, "Do Not Fraternize" *Die Schwierigen Anfänge deutsch-amerikanischer Freundschaft, 1944 - 1949*, 1997）以及佩特拉·歌德的著作《美国士兵与德国人：文化、性别、外交关系（1945—1949）》（Petra Goedde, *GIs and Germans: Culture, Gender, and Foreign Relations, 1945 - 1949*, 2003）。克莱恩施密特通过引述美国和德国两方面的材料，探讨了反亲善政策

---

① Perry Biddiscombe, "Dangerous Liaisons: The Anti-Fraternization Movement in the U. S. Occupation Zones of Germany and Austria, 1945 - 1948", *Journal of Social History*, Vol. 34, No. 3 (Spring, 2001), pp. 611 - 647.

② Elizabeth Heineman, "The Hour of the Woman: Memories of Germany's 'Crisis Years' and West German National Identity", *The American Historical Review*, Vol. 101, No. 2 (Apr., 1996), pp. 354 - 395.

在德国的实际效果及其对占领者和战败者的关系造成的影响，在史料翔实性上更胜一筹。[①] 佩特拉·歌德的著作则长于理论，作者提出在二战至“冷战”期间，德国人在美国人眼中的形象从“恶人”（villains）逐渐转化为“受害者”（victims）。德国形象剧变的原因是战后德国社会的“女性化”（feminization）。德国形象的变化注定了反亲善政策的失败并促成美国与德国在战后迅速化敌为友。[②] 两本著作的共同点是在梳理上层的决策内幕之外，都注重重塑下层的活动——盟军士兵和德国平民在反亲善政策背景下彼此互动。

综上所述，国际学术界研究反亲善政策的三种主要范式呈现出下列发展趋势：首先，从笼统的感性观察，到单一政治史视角上的理性反思，逐渐向性别、历史记忆和日常生活史等多元视角发展；其次，从美国单方面的视角，到兼顾德国人的反应，进而开始关注美德双方的互动。不过，现有的研究范式仍然存在问题：学者们往往是把反亲善政策的兴废归咎于美德关系的变化，这种关系变化的原因又主要归结为笼统的“德国形象”的转变。现有的研究普遍忽略了“德国形象”建构的途径，主要是通过对德国历史的叙述；学者们也没有从历史学本身的角度出发，反思当时人们对德国历史的解读及其对于反亲善政策兴废历程的影响。

（二）国内研究动态

国内学术界对反亲善政策的研究基本处于空白状态。有些著

---

① Johannes Kleinschmidt, "*Do Not Fraternize*" *Die Schwierigen Anfänge deutsch-amerikanischer Freundschaft*, *1944 – 1949*, Trier: WVT Wissenshaftlicher Verlag Trier, 1997, pp. 9 – 15.

② Petra Goedde, "From villains to victims fraternization and the feminization of Germany 1945 – 1947", *Diplomatic History*, Winter, 1999, Vol. 23 Issue 1, pp. 1 – 20.

作会在叙述战后德国时提到与亲善禁令相关的历史现象，但大部分一笔带过，而且叙述往往有误。

国内学界论述德国现当代史的专著，如孙炳辉、郑寅达合著的《德国史纲》、丁建弘等主编的《战后德国的分裂与统一》以及吴友法著的《德国现当代史》等，绝大多数都忽略了反亲善政策，几乎完全没有把这项政策及其前因后果纳入战后同盟国改造德国进程的宏观视野中。①

有些著作在叙述德国战败的后果时，经常会提到一些与反亲善政策关系密切的历史现象。例如丁建弘等主编的《战后德国的分裂与统一》和孟钟捷著的《德国简史》都提到外国军人与德国女人的亲密关系；张沛的论文《德国西占区“再教育”初探》，提到美军在德国制造隔离区。② 王倩、蒋艳华的论文《二战后初期德国妇女命运的历史考察》提及了反亲善政策取消以后的情况，同时谈到了美苏占领区中德国人与占领军的不同关系。③ 上述现象与反亲善政策关系密切，但是论者基本没有把相关现象与亲善禁令联系起来。

另有一些文献，在概述同盟国处置战后德国的政策文件时，时

① 例如吴友法《德国现当代史》在“盟国管制初期的德国”一节中“德国被四国分区占领”和“战后德国的状况”，没有提及反亲善政策。吴友法：《德国现当代史》，武汉：武汉大学出版社，2007 年，第 267—276 页。

② 丁建弘等主编的《战后德国的分裂与统一》谈及所谓“德国姑娘”问题，参见丁建弘等主编：《战后德国的分裂与统一》，北京：人民出版社，1996 年，第 22 页；类似的内容参见孟钟捷：《德国简史》，北京：北京大学出版社，2012 年，第 178 页；占领军的姿态和隔离区，参见张沛：《德国西占区“再教育”初探》，《华东师范大学学报（哲学社会科学版）》2002 年第 1 期，第 92—100 页。

③ 王倩、蒋艳华：《二战后初期德国妇女命运的历史考察》，《内蒙古农业大学学报（社会科学版）》2011 年第 2 期，第 348—350 页。

常会不经意地提到反亲善政策的相关条款。不过,学者们只是就事论事,而没有考察前因后果。例如张沛著的《凤凰涅槃——德国西占区民主化改造研究》,这本著作在叙述参谋长联席会议1067号指令时提到"坚决阻止与德国官员和人民的任何友好行为"①;无独有偶,李工真著的《德意志道路——现代化进程研究》中也写道:"根据《1067号指令》,美国占领当局从一开始就禁止占领军与任何德意志人进行合作。"②

在国内的相关研究成果中,对反亲善政策着墨最多的两项研究之一是王倩《四国占领期间的德国妇女(1945—1949)》。这是一篇论述战后德国妇女状况的硕士论文。作者主要通过女性史和日常生活史的视角,回顾了德国妇女在被占领时期的生活史,例如文中指出:"根据艾森豪威尔将军的'禁止亲善'的命令,占领军与德国妇女之间的任何形式的关系都是被严格禁止的。"然而,文中对于反亲善政策的描述大都不甚准确,例如"1945年7月15日,美国取缔该禁令后,占领军与德国妇女之间出现了较为友好的关系,尤其是英占区和美占区"。③ 反亲善政策取消的确切时间应为1945年10月1日。7月被取消的只是"公开场合"的交际限制。此外,作者把盟军与德国女人的关系形容为"友好"显然也值得商榷——确切而言,即使用最含蓄的表达方式,它也是一种"不对称相互依赖"关系。

---

① 张沛:《凤凰涅槃——德国西占区民主化改造研究》,上海:上海人民出版社,2007年,第23页。

② 李工真:《德意志道路——现代化进程研究》,武汉:武汉大学出版社,2005年,第462页。

③ 王倩:《四国占领期间的德国妇女(1945—1949)》,硕士学位论文,湖南师范大学,2011年,第25页,第45—46页。

此外，上文已提及的张沛的著作《凤凰涅槃——德国西占区民主化改造研究》在叙述"再教育"的局限时，也相对详细地谈到了反亲善政策的主要表现：

"占领者是以征服者的姿态出现在德国，并且无一例外的是在占领之初实施了不友好的政策。美国人甚至被禁止同德国孩子谈话，连一块糖都不能给他们。战胜国人为地建立起占领军与当地居民的隔离区，随意征募住房，任意逮捕和搜查德国人，德国人享受不到任何基本民权。"①

所谓"不友好的政策"大致上就是盟国对德反亲善政策。"不能和孩子说话""不给糖吃"和"征募住房"都是亲善禁令的具体措施。"德国人享受不到任何基本民权"有悖于反亲善政策的纸面要求，不过可能反映了禁令执行的实际情况。这段论述糅合了与亲善禁令有关的许多历史碎片，唯独没有系统梳理禁令本身。

总而言之，国内学术界对于反亲善政策的研究很少，至多是从专题史的角度，如民主化或女性史等方面，论及与反亲善政策有关的某些历史现象。本书则意图填补这一空白，把这个当时人尽皆知、事后无人问津的故事重新展现在读者面前：首先，本书将厘清亲善禁令的基本历史脉络：反亲善政策究竟是如何酝酿出台的？它在实施中又遇到了哪些问题？最后是如何收场的？它对德国产生了哪些影响？

在此基础上，本书意图以反亲善政策作为案例，剖析第二次世界大战前后，西方世界对德国历史的诠释，如何影响了战后对德政策的制定？在战后改造德国的过程中，人们对德国历史的解读又

① 张沛：《凤凰涅槃——德国西占区民主化改造研究》，第226页。

发生了哪些变化?

三、研究视角、方法和史料来源

为了理清上述问题,本书引入德国史学理论和历史教育理论的“历史意识”的概念作为分析工具。

历史意识是20世纪70年代德国历史教育学提出的一种理论,其主要观点为:历史不是把过去按固定比例缩小的模型,而是在带有诠释性的叙述结构中被回忆起的、重要的过去;历史认识既依赖于客观的逻辑和史料,也不可避免地带有主观的选择性、展望性、利益相关性和当下联系性。历史叙述既可以被有目的地建构起来,也能被解构为若干元素。根据德国学者汉斯－于尔根·潘德尔(Hans－Jürgen Pandel)提出的经典理论模型,历史意识可以被分解为七种基本因素:①

(1)时间意识(过去—现在/未来);

(2)事实意识(真实的/历史的—想象的/虚构的);

(3)历史性意识(静态的—动态的);

(4)认同意识(我们—他们);

(5)政治意识(上层—下层);

(6)经济、社会意识(贫穷的—富裕的);

① “历史意识”的概念和历史意识的“七种因素”,参见斯特凡·约尔丹主编:《历史学科基本概念辞典》,孟钟捷译,北京:北京大学出版社,2012年,第82—85页。

(7)道德意识(善的—恶的)。

近年来,国内学术界也开始使用“历史意识”这个术语。除了德语译著外,国内对于这个概念的使用相对宽泛,基本意思与德国方面相似,也强调历史认识的主观性与过去、现在和未来之间的有机联系:例如历史意识是人们由历史知识凝聚形成的思维和观念;历史意识把过去、现在和未来联系在一起等。[①]

本书试图从“历史意识”的角度入手,分析和比较第二次世界大战结束前后,反亲善政策的制定者、实施者以及德国人对德国历史,尤其是对罪责问题的诠释:

首先,战时美国社会如何诠释德国历史?集体罪责思想如何催生亲善禁令?

其次,盟军是否贯彻了反亲善政策?他们对德国问题的认识有何变化?

最后,德国社会如何应对反亲善政策?他们如何消化德国集体罪责的指控?

本书的论述将分为三个章节:

第一章主要论述反亲善政策的起源。首先,分析反亲善政策的始作俑者——艾米尔·路德维希对德国历史的叙述;其次,评估路德维希对德国的看法如何在第二次世界大战中的美国社会成为主流;最后,简述美国政府制定反亲善政策的过程。

① 参见徐兆仁:《历史意识的内涵、价值与形成途径》,《中国人民大学学报》2010年第1期,第108—114页;于述胜:《也谈人文社会科学研究的“历史意识”——基于教育研究的理论思考》,《教育研究》2012年第1期,第53—58页。

第二章阐述反亲善政策实施中的乱局。首先,英美盟军高层指挥官如何通过宣传教育和命令规章的手段,试图坚决执行反亲善政策;其次,盟军基层士兵对德国认识发生哪些变化,由此引发大规模违令亲善活动;最后,简述反亲善政策的取消。

第三章着重探讨德国社会对亲善禁令及其背后的集体罪责历史意识的反应。德国人如何看待反亲善政策;他们又如何看待德国人和美国人之间的亲善活动;最终,德国社会如何认识整个德意志民族在纳粹暴行中所应当承担的责任。

除上述学术回顾中提到的文献外,本文引述的史料还包括:

盟军和军政府档案:美军的《军政府的档案与资料》(*Cases & Materials on Military Government*),《德国口袋指南》(*Pocket Guide to Germany*),《军政府公报》(*Military Government Gazette*),《军队对话》(*Army Talk*),《军政府民意调查》(*Public Opinion on Germany*),《占领的第一年》(*The First Year of the Occupation*),《占领军和德国平民的关系》(*Relations of Occupation Forces Personnel with the Civil Population* 1946 – 1948),《军政府手册,德国篇》(*Military Government Handbook Germany*),《克莱档案集》(*The Papers of General Lucius D.* Clay)等。媒体报道:英国《泰晤士报》、美国《生活》杂志和占领军政府《每周信息简报》(*Military Government Weekly Information Bulletin*)等。外交档案:《美国外交关系档案》(*Foreign Relations of the United States*,简称 FRUS),《盟国管制委员会档案集》(*Enactments and Approved Papers of the Control Council and Coordinating Committee*)等。

德语史料除了约翰内斯·克莱恩施密特的著作《"请勿亲善",

德美友好关系的艰难起步(1944—1949)》以外,包括沃尔夫冈·本茨的《盟国占领下的德国(1944—1949/55)》(Wolfgang Benz, *Deutschland unter alliierter Besatzung*, 1945 - 1949/55)和《希特勒和阿登纳之间:战后德国社会研究》(Wolfgang Benz, *Zwischen Hitler und Adenauer*, *Studien zur deutschen Nachkriegsgesellschaft*)等。

第一章　反亲善政策的起源

1944年1月，旅居美国的犹太裔德国作家艾米尔·路德维希(Emil Ludwig, 1881 – 1948)向美国陆军部民政局(Civil Affairs Division，简称CAD)提出《美国占领者在德国应遵循的十四条原则》(*Fourteen Rules for the American Occupation Officer in Germany*)，简称《十四条原则》。路德维希在文件中主张，盟国在占领德国时需要严格限制盟军和德国人的关系。这项建议被美国政府采纳，最终导致反亲善政策出炉。①

反亲善政策的基础是所谓"罪责"问题——纳粹暴政究竟是一小撮纳粹分子的倒行逆施？还是全体德国人的"集体罪责"？对罪责问题的解答，显然离不开对德国历史的阐释。

那么，作为反亲善政策的始作俑者——路德维希如何看待德国的罪责问题？他为何建议盟军不要理睬德国人？路德维希的看法是否被美国社会广泛接受？最后，美国政府又如何把这种思想具体化为反亲善政策？本章将通过历史意识的视角，分析上述

---

① Steven Casey, *Cautious Crusade: Franklin D. Roosevelt, American Public Opinion, and The War Against Nazi Germany*, Oxford: Oxford University Press, 2001, pp. 169 – 171; Johannes Kleinschmidt, "*Do Not Fraternize*" *Die Schwierigen Anfänge deutsch-amerikanischer Freundschaft, 1944 – 1949*, p. 31.

问题。

第一节　“希特勒即德国”
——艾米尔·路德维希和反亲善构想的提出

一、路德维希其人

德国作家艾米尔·路德维希堪称反亲善政策的始作俑者。1881 年,路德维希出生于德国布雷斯劳(今波兰弗罗茨瓦夫)。他是犹太血统的天主教信徒。1922 年,德国外交部部长拉特瑙被右翼民族主义分子暗杀,路德维希愤而回归犹太传统。

路德维希不是专业的史学研究者,但是他的著述同历史关系紧密。20 世纪 20 年代,路德维希先后为歌德、俾斯麦和威廉二世等德国历代名人撰写传记。这些作品结合了真实的历史事件与移情的心理活动,出版后广受欢迎。1931 年,路德维希著作的累积销量达到 80 万册。他一跃成为著名作家,与诺贝尔文学奖得主茨威格齐名。

商业上的成功不是路德维希追求的唯一目标,他意图通过写作,对德国民众进行思想启蒙。路德维希和其他一些德国作家主张,摒弃德国历史叙述中的民族主义色彩,宣扬个人主义和自由主义。他们试图借助历史传记等新的体裁,挑战传统的德国史学,进而修正德国人的历史观。路德维希对许多历史事件的分析和评价都有别于当时史学界的主流。例如，路德维希最早明确提出，威廉二世精神上的弱点源于他的先天残疾。①

1928 年，德国期刊《历史杂志》（*Historische Zeitschrift*）出版论文集《历史通俗文字》。这本文集搜罗了自从 1925 年以来，德国学院派历史学者抨击路德维希等人的大量书评，由此引发了"历史纯文学"（Historische Belletristik）大论战。正统学者批评路德维希等人的著作缺乏考证、史实错漏百出、观点严重左倾。②

1932 年，纳粹上台前夕，路德维希出走瑞士。1940 年，由于欧洲战局恶化，他移居美国。作为犹太后裔和自由派知识分子，路德维希对纳粹政权深恶痛绝；魏玛时期以来的见闻则令他对德国历史传统的愤懑有增无减。在美国，路德维希发表了许多批判纳粹主义和德意志民族的言论，逐渐成为活跃的公共知识分子。

同时，路德维希与美国政界关系密切。20 世纪 30 年代，路德维希为罗斯福总统撰写传记，他曾多次出入白宫采访总统，两人建立了良好的私人关系。二战爆发后，路德维希成为美国当局的德国问题顾问，同时继续活跃于大众传媒领域。

1944 年 1 月，路德维希递交《十四条原则》，他言之凿凿地建议美国政府：对付德国人的唯一方法，就是让他们感受到高压统治；为了让德国人得到教训，盟军不能迁就德国人，应该一直说英语、不微笑、不递烟、不握手、始终穿军装；美国人应该收敛美国式的友

---

① 刘鑫：《威廉二世研究》，硕士学位论文，华东师范大学，2008 年，第 8 页。

② Christian Gradmann, *Historische Belletristik. Populäre historische Biographien in der Weimarer Republik*, Frankfurt a. M., 1993. pp. 9 – 20; Eberhard Kolb, "'*Die Historiker sind ernstlich böse'. Der Streit um die, Historische Belletristik in Weimar – Duetschland*", Umbrüche deutscher Geschichte 1866/71 – 1918/19 – 1929/33, München 1993, pp. 311 – 329.

好性格，不相信任何不可信的人；占领军绝不能忘记他处于敌国领土，被意欲复仇的群众包围。[①]

这些设想成了反亲善政策的基础，可是路德维希没有详述必须对德国人横眉冷对的原因，只是笼统地提及“德国人的性格”使然。那么，路德维希究竟如何看待“德国人的性格”呢？从他对德国历史的重构中不难找到答案。

二、一个民族的双重历史——路德维希对德国历史的解读

1941 年，路德维希出版了《德国人：一个民族的双重历史》（*The Germans: Double History of a Nation*）。在这本著作中，他首次完整地回顾了德意志民族的历史，阐述了他对德意志人的民族性、纳粹政权和德国传统的关系等问题的理解。这本书旗帜鲜明地痛斥了德意志人的劣根性，其中当然也不乏偏激之处。

路德维希主要从“对德国人性格的剖析”出发审视德国历史。他认为：由于德国人缺乏“精神和思想”，因此其性格普遍具有三个特点：崇尚暴力、复仇和不安全感；少数德国知识分子创造了非凡的精神成就，却无法左右德国社会的走向。于是，“世代以来迄未变化的德国人内心的分裂现象”导致德国人走上了独特道路：“德国思想精神界人物同国家与政治脱节的现象，使德国的历史不同于任何一个国家的历史。”

---

① NA, RG 165 CAD, Security Classified General Correspondence, 1943/44, 014 Germany Sect. 1 - 2; 转引自 Johannes Kleinschmidt, "*Do Not Fraternize*" *Die Schwierigen Anfänge deutsch-amerikanischer Freundschaft, 1944—1949*, pp. 31 - 32.

路德维希用“双层公共汽车”比喻“精神与政治脱节”的德国悲剧：

“为什么在这个有着双重性格历史的国家里，一部分人几乎从来不受另一部分人的影响，其原因在于日耳曼人的复杂的神经质的性格。……这个国家的历史就像一辆双层公共汽车，文化生活和政治生活有着各自的发展道路，上面一层的乘客极目远眺，饱览旖旎风光，但是不能影响汽车的方向，因为坐在下层的掌握方向盘的司机根本无暇顾及他们。”①

路德维希进而把德国的历史划分为五个阶段，每个时代都充斥着“双层客车”式的“灵肉分离”：800 年—1500 年，日耳曼人的不安全感驱使他们征服全世界，却臣服于基督教的精神；1500 年—1650 年，在宗教改革背景下，玄奥的哲思与三十年战争的混乱交织；1650 年—1800 年，德意志人思想成就卓越，德意志国家四分五裂；1800 年—1890 年，德意志帝国崛起，德国人的精神世界随之堕落；1890 年—1940 年，宿命注定的“衰落”——尚武、复仇和不安全感驱使着德国两次挑起世界大战，德国的精神文化彻底崩溃。最后，路德维希得出结论：希特勒和纳粹主义无疑是德意志民族历史传统不可避免的恶果：

“最后，本书还将说明希特勒的出现，并不是由于机遇，而确实是一种德国现象。一切怀有着善良愿望的人们，试图说明希特勒与德国人的性格有所不同，这就错了。”②

---

① 艾米尔·路德维希：《德国人：一个民族的双重历史》，杨成绪、潘琪译，北京：东方出版社，2006 年，作者自序。

② 艾米尔·路德维希：《德国人：一个民族的双重历史》，作者自序。

同时,全体德国人都应该为纳粹政权的倒行逆施承担历史责任:

"这一次没有一个德国人能说,他是被统治阶级胁迫的,因为今天几乎每个人都有朋友在党内。几乎整个国家都参与或拥护了这场浩劫。"①

两相结合,简而言之——用路德维希自己的话说——"希特勒即德国"。

从历史意识的角度分析路德维希笔下的德国历史,不难发现下列特征:

在时间意识上(过去—现在/未来),路德维希笔下德国的过去与现在之间的区别是模糊的。例如,希特勒俨然就是德国历代统治者的集大成者和克隆产物:

"阿道夫·希特勒与德国历史上的皇帝有着很多重要的相似之处。他像巴巴罗萨一样残酷,像亨利六世一样惯于讹诈,像西格门一样善于撒谎,与文塞斯劳斯一样以迫害犹太人为乐。他在戏剧方面的才能,使人想起奥托三世,而在迷信方面毫不逊于查理六世。与曾定都柏林的很多普鲁士皇帝也有很多相似之处,希特勒的性格,如腓特烈一世的好大喜功,腓特烈·威廉一世的不学无术,以及腓特烈大帝的萎靡。他的艺术信念使人想起腓特烈·威廉四世,而他的不忠不义又使人想起霍亨索伦家族中的许多人。"②

在历史性意识上(静态—动态),虽然德国精神—政治分裂的局面是动态的,但是德国人"崇尚暴力、复仇和不安全感"的性格显

① 艾米尔·路德维希:《德国人:一个民族的双重历史》,第454页。

② 艾米尔·路德维希:《德国人:一个民族的双重历史》,第442页。

然是静态的、亘古不变的：

“上述这一页历史（公元前58年，凯撒和阿里欧维斯图斯的战争）向我们展示了一个条顿族领袖的言行：佯装无辜、威胁恫吓、不择手段、背信弃义。……这是发生在公元前58年的事，以后的历史同两千年前一样，没有什么改变。……

“他们盲目地服从领袖，排斥一切独立思想……全体人员都是战士，这是他们的共同思想。战场是他们的天堂，战斗英雄是他们的神，群众集会的内容是检阅军队。政治统治只体现在战争的命令中，只有先成为战士，才能成为公民……唯独条顿人的服从领袖的精神一直延续到今天，几乎没有被触动过。”①

结合模糊的时间意识和静态的历史性意识，路德维希得出结论——纳粹并不是偶然特例，而是德国历史的必然产物，是德意志民族蔑视自由、服从权威传统的后果，用他自己的话说：

“一个一千年来习惯于忍受上级对它施加任何命令的民族，是不会为自己的意志，为争取自由而斗争的。一旦在违反自己意愿的情况下获得了自由，那么在新的枷锁下这个民族也会很快退回到老路上去的。”②

在认同意识上（我们—他们），路德维希指出西方世界与德国的根本对立：

“他们缺乏精神、人性和想象力。条顿人是野蛮人，不是因为他们没有能力学习，而是因为他们缺少心灵的智慧，思想的本能……这些都是人类起源的要旨和地中海文化的遗风。”

---

① 艾米尔·路德维希：《德国人：一个民族的双重历史》，第6—10页。

② 艾米尔·路德维希：《德国人：一个民族的双重历史》，第450—451页。

在道德意识上(善的—恶的),路德维希把西方世界定义为"善的"受害者;德国人轰炸城市、侵略中立国、屠杀平民、撕毁条约,显然扮演"恶的"施害者:

"世界能把这一切都忘掉吗?一个经过伦敦战役的孩子,长大后能向一个德国人伸出友谊之手吗?一个挪威人会再次邀请一个德国人到他家去做客吗?一个他的母亲和无数同胞被德国飞机机枪扫射而死的荷兰人会再次与德国人做买卖吗?世界上难道还会有与德国人签订条约的国家吗?德国人曾经如此明显的以自己的利益为依据决定条约的合法性。"①

在政治意识上(上层—下层),路德维希模糊了统治阶级与被统治阶级的区别,强调德国的各阶层无一例外地自愿匍匐在希特勒的脚下:

"从来没有一个独裁者(指希特勒),像这个不正常的领袖遇到德国人民那样。……遇到如此听话,如此顺从容易对付的群众。……突然得到违反他们本意的解放的德国人,是如何殷切的在这14年中(指魏玛共和国)等待一个领袖来把他们的命运掌握起来。少数不朽的神职人员和平主义者及工会会员,他们曾因自己的信念而遭到监禁或杀害,但总共加起来也不到德国总人数的千分之一。"②

在经济、社会意识上(贫穷—富裕),路德维希又回避了德国实际的经济状况,转而突出全体德国不论贫富贵贱都自愿地卷入了纳粹的战争机器:

---

① 艾米尔·路德维希:《德国人:一个民族的双重历史》,第454页。

② 艾米尔·路德维希:《德国人:一个民族的双重历史》,第449页。

“没有一个人被答应去工作,不管什么时候,什么地方,不管是穷人,还是富人,不管是工人,还是农民,这种要求都无法得到满足。全国成了一个大兵营,一个六岁的孩子也会被接受进来,加以训练,操练,生生死死,直到最后召开追悼会。”①

通过对政治意识和经济、社会意识的模糊处理,路德维希论证了全体德国人普遍狂热地拥护纳粹统治,以及他们拥护纳粹统治的原因是他们的本性使然:

“希特勒没有带给德国人幸福,但他们也没有要求他带来这种幸福。他们不要求自由,不要求财富,甚至不要求思想上的安宁与和谐,他们要求的是古老的统治世界的梦想。”②

然而,在事实意识上(真实的/历史的—想象的/虚构的),路德维希明显倾向于主观性的想象和虚构,这主要是由于路德维希毕竟不是专业历史学家而是作家,比如他津津乐道的“使他十分激动的新的叙述方法”:

“对于历史事件的精神因素和后果,导致这些历史事件发生的主要人物,以及与今天的时代相比较,对这三个问题作者十分重视……历史主要不是由经济力量造成的,而是由人的感情因素决定的。”③

“精神因素”使得路德维希在解读历史事件时,可以无限制地使用“移情”方法,如同巫师一般任意读取历史人物的灵魂。这种做法导致他的历史叙述受到主观意志的强烈影响:

---

① 艾米尔·路德维希:《德国人:一个民族的双重历史》,第453页。

② 艾米尔·路德维希:《德国人:一个民族的双重历史》,第454页。

③ 艾米尔·路德维希:《德国人:一个民族的双重历史》,作者自序。

例如公元9年的条顿堡森林战役，日耳曼英雄赫尔曼击溃罗马军团。在德国民族主义的历史叙事中，恰恰是这场胜利捍卫了日耳曼人的自由与独立。然而，路德维希却这样描述这一事件：

“条顿人阿尔曼纽斯（赫尔曼）利用诡计将罗马人诱入原始森林，企图围而歼之。但他的表兄（塞盖斯图斯）向罗马人告密。阿尔曼纽斯为了报仇，就把塞盖斯图斯的女儿骗到手。塞盖斯图斯又把女儿从她的丈夫——阿尔曼纽斯手中绑架走，并把她交给罗马人当人质……在历史的发展过程中，我们将不断看到这种奸诈伎俩，领导人之间经常发生尔虞我诈钩心斗角的斗争。后期，德意志亲王们几乎形成了习惯，经常将自己的对手向国外的敌人告发。”

在他的叙述中，日耳曼人争取独立自由、反抗外族压迫的精神全都消失了；整个故事被演绎为日耳曼人内部尔虞我诈的一出宫心计。因此，阴险的日耳曼人比爱好自由的日耳曼人更符合“希特勒即德国”的结论。因此，作者的“精神”完全取代了历史人物的“精神”。

“主要人物”促使路德维希把视角聚焦于上层，德国社会的复杂性被抽象化为千篇一律的“德国人的个性”。这种“国民性”无疑更符合“集体罪责”叙事。①

事实上，即使在纳粹统治下的德国，德国社会也是多元复杂的。例如，托尔斯腾·克尔讷指出，纳粹试图控制人们生活的方方面面，人们却执意避开“民族共同体”，退回私人生活中。纳粹为了方便政治宣传供应廉价的“大众收音机”。人们却在元首讲话时关

---

① 艾米尔·路德维希：《德国人：一个民族的双重历史》，第6页。

机,在播放音乐时开机。人们满足于日常的小康生活,对纳粹政权的反对也随之消弭。[①] 不过,在路德维希的叙事中,经济、社会和政治上的许多细节都被忽略。当然,这也无可厚非,毕竟他在纳粹上台后即惨遭放逐。

"与今天的时代相比较"导致路德维希的叙述中充斥着大量的"后设叙事"——德国历史上倒下的每一张多米诺骨牌都精确地指向最后一张:希特勒,这种做法实则遮蔽了大量偶然因素。

例如,路德维希这样叙述纳粹崛起和普鲁士的关系:

"这样的远见者(纳粹),在别的时刻可能只是一批小丑,他们之所以得到巨大的成功,只是因为他们掌握了一批适合于他们目的的人群。希特勒的第一个本能使他转向普鲁士。他感觉到别的地方的人民是不会接受像他这样的人物的,而且也感觉到只有这个习惯于服从的古老民族有能量实现他的思想。"[②]

事实上魏玛共和国后期,普鲁士州曾是社会民主党的"民主堡垒",纳粹在普鲁士掌权是左派分裂、总理巴本支持纳粹夺权等曲折历史过程的结果。路德维希却说普鲁士人第一个投入纳粹怀抱,这种说法从史实上看站不住脚。[③] 纳粹经过激烈的斗争,甚至依靠偶然机遇方才发迹的事实,难道不正表明德国人对纳粹主义的支持或许并不是那么普遍吗?

反之,路德维希又忽略了纳粹主义(法西斯主义)兴起不是德

---

① 托尔斯腾·克尔讷:《纳粹德国的兴亡》,李工真译,长沙:湖南人民出版社,2005 年,第 119—121 页。

② 艾米尔·路德维希:《德国人:一个民族的双重历史》,第 444 页。

③ 任国强:《关于普鲁士历史评价的重新思考——对盟国管制委员会第 46 号令的驳正》,《德国研究》2004 年第 3 期,第 47—52 页。

国独有的现象，而是20世纪中叶的国际性趋势。法西斯主义暗流席卷欧美许多国家，难道不正表明纳粹暴政未必是德国独特性的后果，而可能是普遍性的现代性变异吗？①

总之，路德维希通过回溯性地叙述德国历史，建构了“集体罪责”观念——德国反复不断地走上侵略扩张的道路，这是德国人性格的产物；德国人普遍支持罪恶的纳粹政权，这也是德国人性格的产物——简言之：“希特勒即德国”。历史叙述只是手段，路德维希的目的却在于关切当下和展望性地预测未来，在他多段论述的结尾都可以找到这样的文字：

“世界应该看到，作为整个民族来说，德国人没有要求进行改变的意愿。我们以为世界大战后（第一次世界大战）会出现一个新的德国，我们错了，我们应该从这第一个错误中避免第二个错误。

“即使德国人最后失败，他们关于野蛮武力的信念也早已在几代人里得到了加强。他们毫不吸取第一次失败的教训，顽固地要求迅速回到他们过去的老路上去；因此，怎么可能寄希望于他们吸取第二次失败的教训呢？”②

通过回顾德国历史，路德维希预测战败以后，德国必然不甘失败，因此他在《十四条原则》中建议盟国，不但必须严厉惩罚德国人，而且必须时刻警惕貌似放下武器的德国人——是为反亲善政策的基本原则。

同时，路德维希的历史叙事中带有强烈的选择性：德国历史的

---

① 第二次世界大战前，法西斯主义曾经在欧美各国传播，参见朱庭光编：《法西斯新论》，重庆：重庆出版社，1991年，第436—517页。

② 艾米尔·路德维希：《德国人：一个民族的双重历史》，第451、453页。

特殊性被夸大;西方世界与德国的对立被绝对化;德国社会政治、经济上的复杂性遭到遮蔽——一切都服从于“希特勒即德国”的历史叙事,甚至简单化、妖魔化德国——这种缺陷无疑为反亲善政策执行中即将遭遇的问题埋下了伏笔。

第二节　德国的三张脸谱
——战时美国社会对德国问题的争论

路德维希通过解读德国历史,论证了集体罪责思想——尽管其历史叙述问题重重——根据集体罪责观念,他进一步提出反亲善的基本构想。

不过,路德维希的建议仅仅是一家之言,“希特勒即德国”的论断是否获得当时美国社会的普遍认同?其他知识分子对纳粹德国有哪些不同的历史解读?不同的历史诠释各自推导出怎样的对德政策方案?这些问题将是本节重点讨论的对象。

20世纪30年代至40年代初,美国社会对德国问题的诠释种类繁多,主要分为三种主流的观点:新马克思主义、歹徒理论以及范西塔特主义。

一、新马克思主义

新马克思主义观点主要是由德国法兰克福学派流亡学者提出。他们认为纳粹主义的本质是极权主义,它是德国资本主义体系内在弊病的产物。他们主张彻底改革德国社会乃至西方社会的政治、经济和思想构造，才是长治久安之策。①

1933 年 4 月，纳粹当局颁布《行政机构复职法》。德国学术界的犹太裔和进步学者惨遭清洗。近万名知识分子、大学教师和新闻记者离开德国，其中大约 300 名人文学者流亡美国。在美国学术界庇护下，这些流亡知识分子开始系统地反思和批判纳粹暴政和德国历史传统之间的关系。②

流亡学者把思考的重心放在德意志精神与西欧精神的长期对立，亦即德国的特殊性上。他们主要从极权主义、德意志独特道路以及自由放任主义等三个方面展开反思。流亡学者的观点庞杂，尤以法兰克福学派的新马克思主义思想最典型。

1934 年，德国法兰克福大学社会研究所成员取道瑞士，转移到美国哥伦比亚大学。1939 年，社会研究所的领袖马克斯·霍克海默（Max Horkheimer, 1895 – 1973）发表论文《犹太人与欧洲》，为法兰克福学派学者对纳粹政权的反思奠定了基调。马克斯·霍克海默犀利地指出："谁不想谈论资本主义，谁就无权谈论纳粹主义。"——纳粹主义实为资本主义的特殊形态。

围绕这一方向，德国流亡学者们先后提出四种主要理论，试图阐释纳粹主义的起源和特征：艾米尔·雷德勒（Emil Lederer, 1882 – 1939）提出的"阶级社会向大众化社会过渡"、弗里德里希·波洛克（Friedrich Pollock, 1894 – 1970）勾勒的"国家资本主义"、弗朗

---

① Johannes Kleinschmidt, "*Do Not Fraternize*" *Die Schwierigen Anfänge deutsch-amerikanischer Freundschaft*, *1944 – 1949*, p. 22.

② 克劳斯·费舍尔：《德国反犹史》，钱坤译，南京：江苏人民出版社，2007 年，第 307 页。

茨·诺伊曼(Franz Leopold Neumann，1900－1954)提出的“政党独裁与大工业界联盟”和汉娜·阿伦特(Hannah Arendt，1906－1975)提出的极权主义是“唯一与大众化社会相适应的独裁组织形式”。①

除了极权主义视角外，对德意志独特道路问题，流亡学者还提出了“迟到的民族”概念：德国民族国家成立时间较晚，社会精英试图避免英法民族国家遭遇的现代性弊病，因此新生的德意志国家走上了“特殊道路”。由于神圣罗马帝国和宗教改革的阻碍，德意志缺乏建立英法式民族国家的可行政治途径，而是在浪漫主义框架之下形成“有机体”国家理论。德国的建国思路，遵循“历史主义”原则，进而导致德意志的特殊道路，具有浓厚的反西方的、文化民族主义的色彩。这种对德国历史的解释，后来成为联邦德国“克服过去”的思想基础之一。

对于德国独特道路的问题，流亡以后不久就英年早逝的学者埃卡特·科尔(Eckart Kehr，1902－1933)提出的政治经济发展不平衡观点较为典型。科尔通过对德意志帝国时代的分析指出：德国的传统精英阶层长期垄断政治资源，落后的政治体制严重地滞后于工业化经济的发展，由此致使德国统一以后专制思想横行。

从史学史视角看，流亡学者对于独特道路问题的研究实际上继承了魏玛共和国时期德国史学界在德意志独特道路问题上的共识和分歧：魏玛时代，德国史学界普遍认为，宗教改革或启蒙运动以后，德国社会已经走上了不同于西方的独特道路。保守派史学

---

① 李工真：《对纳粹暴政与德意志历史最早的反思——德国流亡社会科学家与纳粹主义研究》，《世界历史》2011 年第 3 期，第 55—65 页。

家往往积极评价德意志特殊道路，贬抑魏玛共和国；自由派历史学家通常针锋相对地反思德意志独特道路，肯定魏玛民主体制。①

在经济上，对于魏玛共和国没落的原因："奥地利学派"的"纯自由主义者"，例如路德维希·冯·米瑟斯（Ludwig von Mises，1881－1973）和弗里德里希·A·冯·哈耶克（Friedrich A. von Hayek，1899－1992）等认为，魏玛时期的社会主义经济是极权主义兴起的祸首。他们主张全盘恢复自由市场的经济体制；"新自由主义者"反驳指出：正是"自由放任"的市场经济所带来的矛盾，才是魏玛共和国夭折的肇因。对"自由放任主义"的争论，成为联邦德国社会市场经济的先声。

由于以新马克思主义为代表的德国流亡学者的研究观点繁多、涉及不同学科、出现时间从20世纪30年代延续到二战后。此处仅以弗朗茨·诺伊曼1942年出版的《巨兽：纳粹主义的结构与实践》（*Behemoth, The Structure and Practice of National Socialism*）以纳粹德国社会结构的论述为例，说明流亡学者对德国历史的认识：

"事实上德国的统治阶级包括四个明显不同的集团，亦即大工业界、政党、官僚以及军队。这些集团的利益相互重叠又相互加强，前两者为了解这整个体系的关系提供了线索。在帝国主义扩张上，纳粹党与大工业界之间有着一致的利益。纳粹党追求它统治的荣誉和稳定化。而大工业界则充分利用它的生产能量来征服国外市场。德国工业界一直希望能达成它们之间最充分的合作，它从来就不喜欢民主、公民权、工会以及公共讨论。纳粹党利用工

---

① 孟钟捷：《"独特道路"：德国现代历史研究的范式转变与反思》，《历史教学问题》2009年第4期，第56—59页。

业大亨们的敢作敢为、知识和侵略性,而工业领袖们则利用反民主、反自由主义和反联盟主义的纳粹党。这个纳粹党已充分发展了它控制、统治群众的技巧。官僚机构总是与胜利的力量同步前进的,而军队也在德国历史上第一次得到了它想要的一切。”①

从政治意识和经济社会意识的角度看,诺伊曼对纳粹德国社会的政治和经济结构的剖析,无论深度还是系统性,都凌驾于路德维希之上。诺伊曼准确预测了纳粹德国会继续在高度集权的道路上一条道走到黑。《巨兽》后来被誉为“迄今为止对于希特勒帝国进行的最有价值的解释和阐述”以及“在洞察的深度和知识的广泛程度上,没有其他著作能超过《巨兽》”②——由此可见,流亡学者对德国历史的反思,具有极高的学术水平和思想纵深。

然而,流亡人文学者,特别是德国史学家在美国却面临严重“失语”问题。例如,自由主义历史学家法伊特·瓦伦丁(Veit Valentin,1885 - 1947)的著作《德意志民族》(*The German People*)也讨论了德意志民族特性的问题,可惜这本书的英文版直到1946年才问世——等于拱手把德意志民族性的解释权让给路德维希;法兰克福学派则主动拒绝融入美国学术界:虽然他们早在1934年就转移到美国,但直到法国沦陷之前,他们的研究成果居然都用德语发表在巴黎出版的刊物上;该学派的核心成员霍克海默、阿多诺和波洛克等人坚持德语写作,以马克思主义的社会批判理论分析问

---

① 李工真:《对纳粹暴政与德意志历史最早的反思——德国流亡社会科学家与纳粹主义研究》,《世界历史》2011年第3期,第55—65页。

② Henry Cord Meyer, *Five Images of Germany, Half a Century of American Views on German History*, pp. 25 - 26.

题，也难以在美国社会立刻博得广泛反响。①

德国流亡学者对反思德国历史做出了不可取代的贡献，诚如李工真的评价：

“他们提出了有关纳粹极权主义的起源、统治形式、社会结构及其运动发展的新理论。他们为考察德意志特殊历史发展道路所提供的新视角，他们对‘自由放任式的资本主义’的尖锐批评以及对于战后‘自由的欧洲联邦新秩序’的计划设想，不仅具有开创性，而且具有国际性，因而也使这场‘批评式的反思’超越了现实关系的有限性和暂时性。”②

然而，流亡学者的悲剧，恰恰在于他们“超越现实关系的有限性和暂时性”太多。

从历史意识角度看，新马克思主义对德国历史的诠释在经济、社会意识和政治意识上，分析的广度和深度都超过路德维希，可他们在认同意识和道德意识方面过于深奥、复杂。例如，他们对自由市场经济和资本主义大众社会的批判，相比路德维希的“德意志—西方根本对立”说，显然后者更容易让美国人接受。此外，他们又面临客观限制和主观偏执造成的“失语”困扰。结果德国流亡学者对德国历史的解读很大程度上凝滞在象牙塔内——巨兽变成困兽。他们的见解虽然深刻，却难以被美国社会消化吸收。直到联邦德国建国后，他们的思想才重新受到重视。

---

① 李工真：《纳粹德国知识难民在美国的“失语性”问题》，《历史研究》2008年第6期，167—187页。

② 李工真：《对纳粹暴政与德意志历史最早的反思——德国流亡社会科学家与纳粹主义研究》，《世界历史》2011年第3期，第55—65页。

二、歹徒理论

“歹徒理论”(Outlaw Theory)的主要观点是纳粹主义是一小撮暴徒的“集体犯罪现象”。[①] 歹徒理论的支持者,主要是曾在德国长期生活过的作家和记者。从历史意识的角度看,歹徒理论主要在道德意识上突出希特勒政权的邪恶性;同时,在政治意识和认同意识上,强调下层的德国民众或普遍的德国文化与上层的纳粹统治集团存在根本对立——即“另一个德国”。

歹徒理论的代表人物是记者路易斯·P·洛克纳(Louis P. Lochner, 1887 – 1975),他曾长期供职于柏林,1942 年 6 月才返回美国。1943 年,他出版《德国怎么了?》(*What about Germany*?)。他认为,希特勒不过是现代的征服者,德国内部尚有强大的反希特勒势力。虽然纳粹暂时压制了反对的声音,但是“另一个德国”潜伏在表象之下:

“他们虔心祈祷能逃脱纳粹的奴役,正如联合国家的人们企盼能终结希特勒及其体制。在德国有许多人,他们能够为战后重建新的公正的世界秩序出力。在德国也有一些心怀善意的人,数量不亚于世界任何地方。”[②]

另一位倾向于歹徒理论的重要人物是美国著名女记者多罗

---

① Johannes Kleinschmidt, “*Do Not Fraternize*” *Die Schwierigen Anfänge deutsch-amerikanischer Freundschaft*, *1944 – 1949*, p. 22.

② Louis P. Lochner, *What about Germany*?, London 1943, p. 161, p. 280. 转引自 Johannes Kleinschmidt, “*Do Not Fraternize*” *Die Schwierigen Anfänge deutsch-amerikanischer Freundschaft*, *1944 – 1949*, p. 26.

西·汤普森(Dorothy Thompson,1893－1961)。1931年,汤普森就采访过希特勒。在她看来,希特勒不过是一个喋喋不休的"小人物"(Little Man)。1934年,汤普森被逐出德国,此后她积极参加声援犹太人的活动,成为著名反纳粹人士。1942年12月,汤普森在《德国后裔的圣诞宣言》(*The Christmas Declaration by men and women of German ancestry*)中指出:

"我们强烈地抗议希特勒和纳粹分子的倒行逆施。……(并且呼吁德国人)推翻这个在德国历史上声名狼藉的政府。"①

这一宣言反映了歹徒理论派知识分子的展望性观点:他们寄希望于德国民众揭竿而起,颠覆纳粹政权。因此他们主张区别看待纳粹统治者和德国,实施克制的对德政策。不过直到战争结束,歹徒理论预言的人民抵抗始终没有出现。

此外,德国犹太裔记者和历史写作者康拉德·海登(Konrad Heiden, 1901－1966)也可以被归入歹徒理论的支持者。20世纪30年代,他逃往法国,后来辗转来到美国。1944年,海登出版了希特勒的传记《元首——希特勒的崛起》(*Der Führer -Hitler's Rise to Power*)。他认为,希特勒个人是德国再次卷入战火的原因,战争罪责不应该归咎于全体德国人民。②

除了明确支持歹徒理论的知识分子外,想法相似的人也为数众多。著名专栏作家沃尔特·李普曼(Walter Lippmann, 1889－1974)虽然强烈反对纳粹,但同时认为德国人民是"善良文明的民

---

① Peretz Elkins, Dov, *Jewish stories from Heaven and Earth: Inspiring Tales to Nourish the heart*, Jewish Lights Publishing, 2008, p.146.

② Petra Goedde, *GIs and Germans: Culture, Gender, and Foreign Relations, 1945－1949*, pp.20－21.

族”。记者威廉·夏伊勒(William Shirer, 1904－1993)报道称德国国内没有战争狂热,民众期盼和平。战后他写作了《第三帝国的兴亡》;作家沃尔特·温彻尔(Walter Winchell, 1897－1972)致信罗斯福称:“希特勒不能代表广大德国人的真实意愿。”①

歹徒理论迎合了数量庞大的德裔美国人朴素的亲德情绪,其号召力不容小觑。除了英伦三岛外,德国是美国最大的移民来源地之一。② 德意志人移民美利坚的历程可以追溯至17世纪初。19世纪,由于德国1848年革命失败和第二次工业革命的影响,又有数波德国移民涌入美国。德裔的教会和社团长期坚持在语言、文化教育和社会习俗上保存本民族传统,抵制美国文化的侵蚀。直到二战开始前,德裔移民仍然没有完全融入美国社会。③

歹徒理论在美国盛行也与第一次世界大战中弄巧成拙的美国反德宣传有关。一战时期,以乔治·克里尔(George Creel, 1876－1953)为首的出版委员会(Committee on Public Information, 简称CPI)操纵宣传机器,煽动美国人的反德思想,促成美国参战。20世纪20年代,有美国媒体揭露出CPI的宣传大多言过其实:例如,马丁·路德被曲解为普鲁士军国主义者的工具;俾斯麦被描绘成世界大战的主谋和侵略性德意志民族主义的使徒;另外还捕风捉影地杜撰出“巴格达铁路计划”和德国征服欧洲大陆的“中欧”阴谋等。20世纪30年代,美国的舆论开始指责克里尔的宣传蓄意挑唆

① Steven Casey, *Cautious Crusade: Franklin D. Roosevelt, American Public Opinion, and The War Against Nazi Germany*, pp. 20－21.

② Henry Cord Meyer, *Five Images of Germany, Half a Century of American Views on German History*, pp. 20－21.

③ 余瑜:《德意志美国人同化历程探析》,硕士学位论文,华东师范大学,2006年。

仇视德国，导致美国无端卷入战争。[①] 这种历史经验致使美国社会很难再次接受仇视德国的观念。

三、范西塔特主义

范西塔特主义与歹徒理论针锋相对。这种观点认为：纳粹主义是德意志民族特质的体现，德国人的劣根性促使他们乐此不疲地服从强权统治、谋求侵略扩张，所以需要对德国实施严厉的惩罚。[②] 路德维希的思想与范西塔特主义高度近似。

1941年，英国资深外交家罗伯特·范西塔特（Robert Vansittart，1881－1957）爵士出版了《黑色的记录：德国的过去与未来》（*Black Record: Germans Past and Present*）。他主张：纳粹主义在德国崛起不是偶然"越轨"，而是历史的必然。德国人普遍参与或默许纳粹统治，因此他们应该集体对此负责——据此，范西塔特明确提出"集体罪责"的概念。[③]

范西塔特曾和倾向歹徒理论的汤普森公开争论。范西塔特鼓吹德国人"完全不值得信任"，他们"顽固的邪恶令人震惊"。他相信"再教育这一代德国野蛮人"希望渺茫。他强调德国人"内在的流氓本质"，迫使同盟国必须用尽可能强硬的措施对付他们。即使

---

① Steven Casey, *Cautious Crusade: Franklin D. Roosevelt, American Public Opinion, and The War Against Nazi Germany*, pp. 20－21; Henry Cord Meyer, *Five Images of Germany, Half a Century of American Views on German History*, p. 10.

② Johannes Kleinschmidt, "*Do Not Fraternize*" *Die Schwierigen Anfänge deutsch-amerikanischer Freundschaft, 1944－1949*, p. 22.

③ 安尼：《德国战后初期关于"集体罪责"的争论》，《同济大学学报（哲学社会科学版）》2011年第4期，第18—23页。

从德国政治领域根除纳粹主义,也不足以阻止德国再次侵略。除非盟国彻底地改造德国的文化和社会,否则欧洲将不可能存在和平。

范西塔特对德国历史的论述,与路德维希有很多相同点,范西塔特指出:

“当其他民族受到文明教化时,日耳曼民族几乎没有受到波及。”①

可见,在认同意识上,范西塔特和路德维希都认为德意志民族与西方世界从文明伊始就已经分道扬镳,这种看法显然有别于前述德国流亡学者和德国学术界的观点——亦即德意志特殊道路出现于宗教改革或启蒙运动以后。范西塔特主义从根本上不同于德国人叙述的德国历史,而是英国人和美国人眼中的德国史——德国被视为一种有别于西方世界的“异质文明”。

路德维希认为德国存在精神和政治分裂现象;范西塔特的观点则强调区分“单数的德国人”和“复数的德国人”:

“单数的德国人(German)往往是一个道德高尚的造物;复数的德国人(Germans)则从来不讲道德,正是复数的德国人当家作主。如果你足够明智,你会发现德国人总是以复数的形式出现。这是他们的不幸,也是他们的错误。”②

虽然范西塔特和路德维希的回溯性视角十分相似,结论也都趋向于集体罪责,但他们的展望性预见有所不同。范西塔特的观

---

① Robert Vansittart, *Black Record: Germans Past and Present*, London: Hamish Hamilton, 1941, p. 20.

② Robert Vansittart, *Black Record: Germans Past and Present*, London: Hamish Hamilton, 1941, p. 20.

点在英国引起争论，最后人们达成共识——对战后德国实施“再教育”。[①] 路德维希的论述却推导出了反亲善政策。

在英国激起论辩的同时，范西塔特主义在美国也引起了不少知识分子的共鸣。这些人的观点千奇百怪，但是在回溯性诠释德国历史与展望性的预见上都与路德维希或多或少地存在共同语言。

路易斯·尼泽尔（Louis Nizer, 1902－1994）在《如何处置德国？》（*What to do with Germany*）中建议应该把整个德国投入“保护性拘禁”，不只惩罚纳粹高层，还需要惩罚德军各级军官、纳粹党员和公职人员。尼泽尔认为强硬处置德国才是实现和平的唯一途径。他对德国历代统治者的叙述，几乎与路德维希如出一辙：

“无论是查理曼、巴巴罗萨、弗里德里希·威廉、大选侯、腓特烈大帝、俾斯麦、威廉二世或希特勒，他们都会发动对抗全人类的战争。这就是德国人。

“希特勒之前有威廉二世，威廉二世之前有俾斯麦，俾斯麦之前有腓特烈大帝，事实上，日耳曼主义的历史延续了整整两千年。在历代统治者驱策下，德国人不断狂热地、骁勇地、不惧牺牲地战斗。他们这么做不是因为被强迫，他们的愿望是服从命令并随时

---

① Petra Goedde, *GIs and Germans: Culture, Gender, and Foreign Relations, 1945–1949*, p.5; Henry Cord Meyer, *Five Images of Germany, Half a Century of American Views on German History*, p.34; 范西塔特的集体罪责观点及其影响亦可参见迈克尔·鲍尔弗、约翰·梅尔：《四国对德国和奥地利的管制1945—1946年》，安徽大学外语系 译，上海：上海译文出版社，1995年；另参见张沛：《德国西占区“再教育”初探》，《华东师范大学学报（哲学社会科学版）》2002年第1期，第92—100页。

为之献身。"①

记者席格里德·舒尔茨(Sigrid Schultz, 1893－1980)也支持范西塔特主义。1944年,他出版《德国会故伎重演》(*Germany Will Try it Again*)。他指出第一次世界大战后的情况证明,德国人的邪恶思想是一以贯之的。他预言战后纳粹主义将在德国继续生存,警告说德国人很可能再次利用"盎格鲁－撒克逊人的同情心,服务于自己的目的"。② 这种预见与路德维希的设想几无二致。

精神病学家理查德·M·布里克纳(Richard M. Brickner)的《德国不可救药吗?》(*Is Germany Incurable?*)试图通过现代精神病学知识分析德国问题。布里克纳的说法是范西塔特主义诸多变体中最特殊的一种。他诊断德国的症状是"集体性偏执狂"。这种说法披着科学的外衣,实则还是对德国历史的解说,并且与路德维希的"灵肉分离"说异曲同工。布里克纳也列举出一串不同时期的德国名人,最后指出希特勒这种传统的新一代继承人:"特赖奇克、尼采、聚贝尔、弗里德里希·李斯特……希特勒最终继承了他们的精神遗产。"③布里克纳认为根治德国病症的对策是支持德国的少数派,让他们去消灭偏执狂。这种想法和路德维希的少数知识分子代表德国精神的观点也很近似。不过偏执狂假说饱受质疑,反对者调侃说:"一种文化怎么可能得妄想症呢?那么一种文化可以罹

---

① Louis Nizer, *What to do with Germany*, Chicago, New York: Ziff－Davis Publishing Company, 1944, p.9, p.52, p.92.

② Sigrid Schultz, *Germany Will Try it Again*, New York: Reynal & Hitchcock, 1944, in Petra Goedde, *GIs and Germans: Culture, Gender, and Foreign Relations, 1945－1949*, p.6.

③ Johannes Kleinschmidt, "*Do Not Fraternize*" *Die Schwierigen Anfänge deutsch-amerikanischer Freundschaft, 1944－1949*, p.28.

患肺炎吗?"①

从历史学的角度看,范西塔特、路德维希等人对德国问题的诠释,显然值得商榷。他们当时就遭到很多批评。例如,C·布鲁克斯·彼得斯(C. Brooks Peters, 1912－1997)曾批评尼泽尔的《如何处置德国》:"扫视德国数千年的历史,一门心思就为了寻找纳粹的导师。"他指出范西塔特主义思想的普遍弊病在于,他们有目的地渲染德国历史上不断的侵略扩张,忽视历史本身的复杂性。彼得斯曾对这种做法的危险性提出警告:曲解历史正是纳粹对犹太人和其他民族所做的勾当。《纽约时报》记者詹姆斯·P·沃尔伯格(James P. Warburg, 1896－1969)也指出,"一心想要证明德国人的多疑、嗜血、军国主义或侵略性"的著作和纳粹党污蔑犹太人的做法区别甚微。他认为德国人中当然包括"好的"和"坏的"德国人。近代"坏人"一直统治"好人"只是特定的历史情势,而不是民族性的问题。②

四、争论的结果

综上所述,第二次世界大战时期,美国社会对德国问题展开了激烈的讨论,争论的焦点集中在:纳粹主义兴起的原因是什么?纳粹主义与德国历史有何关系?未来德国能否走上和平道路?争论中主要形成了三派观点:歹徒理论、范西塔特主义和新马克思

---

① Petra Goedde, *GIs and Germans: Culture, Gender, and Foreign Relations, 1945－1949*, pp. 8－9.

② Petra Goedde, *GIs and Germans: Culture, Gender, and Foreign Relations, 1945－1949*, p. 22.

主义。

新马克思主义观点认为，纳粹主义的本质是一种极权主义，它是德国的资本主义体系固有弊病的产物。他们主张对德国社会进行全面彻底的革新；歹徒理论认为纳粹主义是少数纳粹分子的犯罪行为，德国民众不支持希特勒，德国文化与纳粹主义完全无关。他们认为应依靠德国人推翻纳粹的统治；范西塔特主义认为，纳粹主义是德意志民族独特的传统的产物，德国人普遍支持纳粹。即使纳粹政权垮台，德国仍会再次走上侵略道路，需要对整个德意志民族进行严厉惩罚——路德维希的思想非常接近范西塔特主义。

不难发现：虽然三种观点或多或少依赖于通过诠释性地回溯历史，揭示德国问题的本质，从而对德国的未来提出展望性预见，但是三种思路回溯历史的方式截然不同：新马克思主义属于传统学术性的历史研究；歹徒理论和范西塔特主义接近"公共历史"（Public History）范畴——由非专业历史研究者撰述的历史。[①]

具体而言：支持新马克思主义观点的人士主要是流亡的德国专业学者，支持歹徒理论或范西塔特主义的人士基本是公共知识分子，包括记者、作家和评论家；新马克思主义思想主要的载体为德语学术刊物和著作，另外两种观点主要以英语刊登在美国的大众报刊和书籍中；前者把纳粹主义视为资本主义社会内在弊病的产物，后两者争论的焦点则比较简单——如何看待"好的德国人和

---

① "公共历史"（Public History）的概念，也有人翻译为"公众史学"或"大众史学"，具体可以参见姜萌：《通俗史学、大众史学和公共史学》，《史学理论研究》2010年第4期；另参见王希：《谁拥有历史——美国公共史学的起源、发展与挑战》，《历史研究》2010年第3期。美国方面对"公共历史"概念定义的介绍可参见下列网站http://www.history.appstate.edu/history/public-history/what-public-history.

坏的德国人”:歹徒理论认为只有少数德国人是“坏人”、范西塔特主义认为大多数德国人都是“坏人”。显然,新马克思主义的思辨性更胜一筹;歹徒理论和范西塔特主义的见解虽然相对通俗、浅显,但无疑更容易被美国公众接受。

那么在歹徒理论和范西塔特主义的争论中,哪一方又占据上风呢?

一方面,从普遍民意看,从1939年欧洲战争爆发直到1944年,歹徒理论占据上风。

1939年11月,《财富》杂志(*Fortune*)的民意测验显示:66.6%受访者认为“德国人民善良而热爱和平,但他们不幸经常被残酷而野心勃勃的统治者误导”。

支持“德国人民经常不负责任地滥用武力和征服,如果允许德国强大到足以开战的程度,这个国家就会成为世界和平的威胁”。的比例仅为19.6%。①

1942年夏季,民意测验提问:主要敌人是全体德国人民还是德国政府?

“只有政府”的支持率达74%;“德国人民”的支持率为5%;“两者都是”的支持率仅18%。另有调查指出,大部分美国人认为,德国军队和民众并不忠于纳粹政府,普遍认为德国民众被纳粹胁迫。

同时,军事情报局(Office of War Information, 简称OWI)的调查也指出,美国人对全体德国人民的仇恨微乎其微,与公众对日本

① Steven Casey, *Cautious Crusade: Franklin D. Roosevelt, American Public Opinion, and The War Against Nazi Germany*, pp. 22.

民族的高度仇恨形成鲜明对比,“可以和德国人和平共处”的支持率是“可以和日本人和平共处”数量的7倍。1943年9月,民意测验显示:支持“德国人一贯好战”的比例低于1/4。“德国政府是主要敌人”的支持率高达71%,“德国人民是主要敌人”的支持率仅为9%;大约2/3的受访者相信德国人将会推翻纳粹政权。①

当时,许多观察家都十分忧虑美国公众对德国的暧昧态度。1942年,为美国政府效力的民意分析师哈德利·坎特里尔(Hadley Cantril, 1906 - 1969)就指出,美国民众对他们的敌人——德国的看法“不清晰,受引导的余地很大”。1944年,英国学者以赛亚·柏林(Isaiah Berlin, 1909 - 1997)也向英国外交部报告称,美国公众对于“该拿德国人怎么办”的问题“充满无知与困惑”。②

另一方面,在美国官方或明或暗的支持下,范西塔特主义的声势日益壮大。

1944年,“预防第三次世界大战协会”(the Society for the Prevention of World War III,简称SPWW 3)宣告成立。协会的首脑是半官方的战争作家理事会(War Writers Board, 简称WWB)主席雷克斯·斯托特(Rex Stout,1886 - 1975)。斯托特是美国著名侦探小说作家。SPWW3公开宣称其目标就是:摧毁美国人“把纳粹和德国人民区别看待”的想法。

斯托特毫不掩饰自己的范西塔特主义倾向:“阿道夫·希特勒

---

① Steven Casey, *Cautious Crusade: Franklin D. Roosevelt, American Public Opinion, and The War Against Nazi Germany*, pp. 142 - 143.

② Michaela Höicke, “Know Your Ememy”: *American Wartime Images of Cermany*, 1943, pp. 231 - 280 in Ragnhild Fiebig-von Hase, Ursula Lehmkuhl (eds.), *Enemy images in American history*, Providence: Berghahn Books, 1997.

不值得惊奇，他是德国历史的产物。如果人们足够敏锐，在1900年就可以预测希特勒的出现。他是德国人民感染的根深蒂固的精神和神经疾病的顶点。”他认为有必要向美国民众灌输“深刻的、不可调和的反德思想，因为德国人野蛮侵犯了人类的权利和尊严……应该蔑视傲慢的日耳曼优等种族。”①对于同情德国的知识分子，斯托特辛辣地抨击道：“有些多愁善感的人，当人们说德国人屠杀了500万平民时，他们就把话题扯到贝多芬的音乐；当人们说德国人从欧洲掠夺800亿美元时，他们说德国家庭主妇操持的厨房是全世界最干净的；当人们说德国故意轰炸我们在安奇奥海滩的医院时，他们还在怀念莱茵河的浪漫美景。”②

SPWW3迅速网罗了一大批倾向范西塔特主义的知识分子和知名人士，包括塞西尔·布朗(Cecil Brown,1907－1987)、F·W·福斯特(F. W. Foerster,1869－1966)、克里尔和尼泽尔等。路德维希也毫无意外地成为该组织的骨干。

4月，SPWW3在《纽约时报》刊登整版广告，警告说：“美国人绝不允许让德国人逃脱。”5月，该组织又发放了十万份《了解你的敌人》(*Know Your Enemy*)给议员、报纸、广播、大学和教会。这本小书收集了持各种政治观点的德国人的证词，目的是展示德意志民族“始终支持其政府的罪恶政策。”同时，SPWW3出版月刊《预防第三次世界大战》(*Prevent World War III*)，刊登各种反德文章。此外，他们还利用广播进行鼓动。6月，路德维希参加了广播节目“空中

---

① Rex Stout, "We Shall Hate, or We Shall Fail", *New York Times Magazine*, January 17, 1943. 此外参见"Stout's letter", *New York Times*, February 4, 1943.

② Steven Casey, *Cautious Crusade: Franklin D. Roosevelt, American Public Opinion, and The War Against Nazi Germany*, pp. 169－171.

市政厅会议”(*Town Hall Meeting of the Air*),发言反对战后立即让德国人组建自治政府。9 月,SPWW3 再次通过广播质问:“德国人和纳粹是不是同一样东西?”最后,一直谨慎地藏在幕后的罗斯福总统也不再掩饰自己的思想了。他多次邀请斯托特到白宫参与各种活动。8 月,在一次新闻发布会上,总统公开表态支持 SPWW3。

值得注意的是,在这场争论的背景下,路德维希的身份变得更加特殊:首先,作为流亡知识精英的一员,在不明真相的美国群众看来,路德维希对于德国事务显然更有发言权;其次,路德维希用英语写作,克服了其他流亡学者的失语麻烦;最关键的是:路德维希对于德国人劣根性的激烈批判,在战争后期范西塔特主义论调盛行的背景下,无疑显得十分时宜。这些因素都促使路德维希成为战时美国最活跃的公共知识分子之一,由此为他参与美国政府决策铺平了道路。

第三节　反亲善政策的酝酿出台

在战时美国社会对德国问题的争论中,范西塔特主义思想以及路德维希个人脱颖而出,赢得了巨大的影响力。不过全体德国人必须承担“集体罪责”的思想只是一家之言,路德维希提出的反亲善建议也只是抽象的原则。亲善禁令的最终形成,离不开战时美国军政当局的决策取舍。

具体而言,以罗斯福总统为首的美国政府高层,确立了严厉惩罚德国的基本方针;美国陆军部、国务院和伦敦的英美盟军统帅部则拟定了反亲善政策的具体细节。

一、严惩德国方针的确立

打败纳粹以后，如何处置德国？当战时美国社会争论这个问题时，以罗斯福总统为首的美国政府也在苦思冥想根除德国威胁的途径。

学界普遍认为，战时美国决策当局内部在对德国的态度上存在严重的分歧：以财政部部长小亨利·摩根索（Henry Morgenthau，Jr，1891－1967）为首的强硬派，主张严惩德国；以国务院和陆军部为主的温和派主张辅助德国重建；罗斯福本人态度暧昧，倾向强硬派。[①] 有些学者认为，华盛顿决策圈内存在三方互相博弈，美国军方在强硬派和温和派之间左右摇摆。[②]

随着战局不断发展，美国政府对如何处置战后德国问题的态度不断变化：1941年8月，美国出台了第一份规划战后秩序的文件《大西洋宪章》。其中没有提出处置德国的具体措施，只提及解除侵略国的武装。1942年，美国国务院的战后外交政策咨询委员会（Advisory Committee for Post-war Foreign Policy）主张温和地对待德国，恢复德国经济。1943年，罗斯福在卡萨布兰卡会议上提出，德国必须无条件投降。同年10月，盟国在莫斯科会议上决定，设立

---

① 鞠维伟：《论二战后期美国处置德国的失败设想——摩根索计划》，《江西社会科学》2011年第7期，第132—136页；郭尚鑫：《论美国对战后德国的处置》，《江西师范大学学报（哲学社会科学版）》1995年第3期，第25—30页。

② 刘娟：《二战结束前后美国对德国政策探析》，《湖北大学学报（哲学社会科学版）》2005年第2期，第150—151页。

欧洲顾问委员会，商议占领德国的具体措施。欧洲顾问委员会拟议的计划提出了分区占领、限制德国的生活水平等强硬措施。1944 年，更极端的摩根索计划浮出水面，计划主张肢解德国，把德国完全改造成田园牧歌式的农业国。直至 1945 年德国最终投降，美国政府的对德政策仍然处于不断调整、反复权衡的过程中。①

具体而言，从 1943 年到 1944 年诺曼底登陆期间，恰是强硬派路线逐步占据上风的时期，促成这种转变的主要是四种因素：②

首先，美国国内民意激烈反对"达尔朗主义"。1942—1943 年，盟军在北非和意大利登陆。盟军在北非与法国维希政府的高官达尔朗合作，在意大利与巴多格里奥内阁谈判。美国舆论把这些事件视为英美企图与法西斯及其附庸妥协的表现。这些举措被斥为"达尔朗主义"，遭到猛烈批评。在舆论的压力下，罗斯福总统放弃了争取德国内部力量颠覆纳粹政权的设想，转而提出无条件投降原则。

其次，美英截获的大量情报表明纳粹当局在德国受到普遍支持：开罗会议上，一个专家组报告称，由于纳粹的全面控制，德国政局毫无发生突变的希望；情报机构断言：德国境内不存在有组织的抵抗运动；德国民众无意接受无条件投降；盟国的战略轰炸和心理战没有削弱德国人的士气；审讯战俘的部门发现：大多数德国战俘对德国挑起大战毫无悔意；"85% 的人没有任何的民主意识"；"许多人承认民主很好，但无法在德国实现"；德军战俘忠于纳粹体制，

---

① 迈克尔·鲍尔弗、约翰·梅尔：《四国对德国和奥地利的管制 1945—1946 年》，第 21—47 页。

② Steven Casey, *Cautious Crusade: Franklin D. Roosevelt, American Public Opinion, and The War Against Nazi Germany*, pp. 133 - 141.

超过忠于领袖个人。他们表示“如果希特勒是个糟糕的领袖，我们就必须找一个优秀的领袖”。

第三，美苏关系发生微妙变化。随着苏德战场局面逆转，罗斯福政府希望以更坚定的反德立场，巩固美苏同盟，消除苏联与德国媾和的可能；同时，罗斯福意图通过削弱战后德国，消除苏联的安全顾虑，保障美苏合作，稳定战后秩序。

最后，盟国与德国的实力对比逆转。1943—1944年，英美已经积聚了足够的力量，在西欧开辟第二战场指日可待。美国政府面临的问题从能否打败德国，如何消灭德国军队，迅速转变为在彻底占领德国以后如何妥善处置这个国家。

在内外因素推动下，美国政府基本确立了严惩德国的方针。例如，美国对德占领的纲领性文件——参谋长联席会议第1067号令，除了规定实施非纳粹化、非军事化和非中央化以外，还要求在政治、经济和教育等方面对德国实施严厉的管制措施，例如在政治上禁止一切政治活动，禁止游行示威或者政治集会，禁止民间活动和体育赛事；在经济上不谋求恢复德国经济；在教育上取缔所有德国学校，审查清洗教师；在生活水平上，规定食物供给限制在最低限度；物资优先供应赔偿或占领军所需；确保德国民众的生活水平不高于周边国家。① ——可见，战后美国对德政策的主要基调是严厉“惩罚”德国，而不是“重建”德国。

路德维希的思想，无疑顺应了美国军政当局的决策思路。于

① Directive to the Commander in Chief of the U.S. Occupation Forces (JCS 1067) (April 1945), in United States Department of State, *Germany 1947 - 1949: The Story in Documents*, Washington: Government Printing Office, 1950, pp. 22 - 28.

是1943—1944年,他开始从一个活跃的公共知识分子,再次转型为美国政府决策中的重要智囊人物。美国参战后,路德维希和罗斯福的关系经历了微妙的变化。

1942年年初,路德维希公开呼吁,应该把整个德意志民族,而不是把纳粹当局视为主要敌人:“美国人认为自己是在与希特勒作战,而不是同德国人民作战……这是错误而危险的思想,它会导致美国人像上一场战争那样受骗……希特勒就是德国。”①

当时,罗斯福尚且回避把德国民众和纳粹统治者混为一谈的说法,主张区别看待轴心国民众和法西斯当局。例如4月28日,罗斯福在“炉边谈话”《谈我国的经济政策》中指出:

“德国和意大利本国的民众正越来越坚信纳粹和法西斯是没有希望的——他们的领导人把他们领上了一条痛苦之路:不是征服全世界,而是彻底的失败。他们的领导人今日的狂言乱语与一年前或两年前的狂妄吹嘘形成了鲜明的对比,让人不敢相信自己的耳朵。”②

当年冬天,罗斯福不但取消了与路德维希的会见,而且反对让他参与官方的宣传工作,甚至搁置了美国政府内部提出的发动大规模反德宣传的建议。当时,罗斯福之所以谨慎地与路德维希保持距离,主要是忌惮后者旗帜鲜明的反德立场。总统忧虑路德维

---

① NBC, “America's Town Hall Meeting of the Air”, January 15, 1942, Ref.: LWO15731 42B14, NBC Archive, Recorded Sound Division, LC; Paul Lyness to George Pettee, “Who Is the Enemy? Peoples? Or Regimes?” August 11, 1942, entry 171, box 1849, RG 44, NA.

② 富兰克林·罗斯福:《罗斯福炉边谈话》,张爱民、马飞译,北京:中国社会科学出版社,2009年。

希激进的思想激怒德裔美国人和温和派人士。① 显然，罗斯福的顾忌不是空穴来风。据美国政府新闻办公室（Office of Government Reports，简称 OGR）统计，当时 300 多家主流媒体中，声援路德维希呼吁的仅有一家。

然而，1943 年 3 月 24 日，罗斯福转而主动邀请路德维希进入白宫，两人在一次午餐会见上交换了意见。这次会见后，罗斯福要求政府各部门传阅路德维希提出的实施强硬对德政策的想法。3 月，英国外交部部长安东尼·艾登（Anthony Eden，1897－1977）访问华盛顿，他也收到一份路德维希提案的副本。② 3 月 27 日，路德维希又应邀在众议院外交事务委员会（House Foreign Affairs Committee）陈述了自己的主张。他重申德国人民应该为战争罪行负责，美国人的愤怒应该指向整个德意志民族，而不是发泄在个别纳粹首脑身上。③

凡此种种无疑都表明，1943—1944 年，罗斯福总统不但注意到，而且很重视路德维希对于德国问题的看法。随着路德维希的政治地位节节攀升，罗斯福开始公开表达对德国人的集体罪责的谴责。1943 年 12 月 24 日，在圣诞节炉边谈话中，总统首次撇开希

---

① Steven Casey, *Cautious Crusade: Franklin D. Roosevelt, American Public Opinion, and The War Against Nazi Germany*, p. 57.

② White House usher diaries, March 24, 1943, microfiche, FDRL. Hassett to Tully, March 23, 1943, and FDR to Hull, May 31, 1943, and enclosure of Ludwig's testimony before Foreign Affairs Committee, House of Representatives, March 26, 1943, PPF 3884, FDRL. 转引自 Steven Casey, *Cautious Crusade: Franklin D. Roosevelt, American Public Opinion, and The War Against Nazi Germany*, p. 137.

③ U.S. House, Committee on Foreign Affairs, The German People: Testimony of Mr. Emil Ludwig, March 26, 1943, 78th Cong. 1st sess. See also OWI, "Weekly Media Report", No. 60, March 27, 1943, entry 151, box 1721, RG 44, NA.

特勒和纳粹党，转而抨击整个德意志民族及其历史传统：

“同盟国无意奴役德国人民。我们希望德国人民能够作为欧洲大家庭当中有益的、受人尊敬的成员有机会在和平的环境中发展。但我们要特地强调‘受人尊敬’这一字眼。因为我们要彻底消除纳粹主义和普鲁士军国主义，彻底清除那种认为日耳曼民族是优等民族的荒唐理念，它给整个人类都带来了灾难。……

“1918 年停战之后，我们认为并希望德国军国主义的思想体系已经瓦解。怀着人类相互友好的善意，之后的 20 年当中我们一直在裁军。受德国人凄楚哀鸣的假象的蒙蔽，其他的国家允许他们，甚至是资助他们发展军备。”①

在当局内部的文件中，罗斯福更加明确地表明了自己的反德立场：

“在美国和英国，太多人认为德国全体人民不需要为战争承担责任——只有少数纳粹领袖应当负责。这种看法与事实不符。德国人民全体必须深刻地认识到，他们全民族都参与了意图颠覆现代文明的阴谋。”②

不难发现，1943—1944 年，美国政府虽然还没有形成对德政策的最终结论，但对德国采取严厉的措施俨然已是主要方针。在此政治背景下，路德维希在美国政府决策中的影响力显著上升，他鼓吹的集体罪责观念也终于为美国官方所接受。

---

① 富兰克林·罗斯福：《罗斯福炉边谈话》，第 219—221 页。

② FRUS 1944, Washinton 1966, Bd. 1, p. 544f in Johannes Kleinschmidt, “*Do Not Fraternize*” *Die Schwierigen Anfänge deutsch-amerikanischer Freundschaft, 1944 – 1949*, pp. 25 – 26.

二、莱茵占领的经验和反亲善政策框架的形成

1944年1月，路德维希提出《十四条原则》后，美国军方非常重视。陆军部民政局的主管希尔德林将军（John Henry Hilldring，1895-1974）立即把路德维希的意见转达给了伦敦的盟军最高统帅部。[①]

1943年下半年，盟军最高统帅部就开始商讨如何对待德国平民的问题。讨论者包括艾森豪威尔的欧洲问题顾问威廉·菲利普斯（William Philips，1878-1968）大使、英国的查尔斯·B·P·皮克（Charles B. P. Peake）、盟军副总参谋长雷·W·巴克（Ray W. Barker，1889-1974）将军和美国国务院的部分人员。盟军统帅部很快采纳了路德维希的反亲善构想并着手制定正式文件。[②]

反亲善政策的具体名称和基本框架，来源于美军在莱茵占领时期汲取的经验。1918年11月，德国投降。根据停战协定，1918—1923年，美国远征军负责驻守卢森堡、摩泽尔、科布伦茨至莱茵河一线的部分德国领土。当时美军曾下达命令，约束士兵与德国居民的关系：

“这个国家的战争仍然在继续，德国依然是敌对区域，禁止美国士兵与德国居民发生亲密的私人接触。必须随时保持严肃和谨

---

① Johannes Kleinschmidt, “Do Not Fraternize” Die Schwierigen Anfänge deutsch-amerikanischer Freundschaft 1944-1949, pp. 32-33.

② *The First Year of the Occupation*, Office of the Chief Historian European Command, Frankfurt am Main, Germany, 1947, pp. 193-194; Joseph R. Starr, *Fraternization with the Germans in World War II*, Frankfurt, 1947, p. 6.

慎的态度。”①

美国第3军对上述规定做了补充,要求占领军只能与当地人进行官方接触,对私人交往应保持“审慎宽容”的态度。这些措施被统称为“反亲善命令”。

实际上,美军没有真正落实反亲善命令。他们与当地人的关系相当融洽:美军与德国人混居一室;部分士兵甚至获准与德国女人结婚;美军撤退时,当地社区还表达了依依惜别之情。

具有讽刺意味的是,二战前美国军方一度认为,反亲善命令对待被占领者过于严苛,因而莱茵兰占领时期的经验曾被视为反面教材。1940年,美军的《军政府手册》指出:

“严酷的、不公正的或者压迫式的军事占领,只会导致被占领者内心对占领军产生敌视,并且播撒未来战争的种子。只要条件允许,被占领者就会发起抵抗;如果占领军能妥善地、温和地处置被占领者,则可以化敌为友。”②

可是,当路德维希提出《十四条原则》后,美国军方的态度骤变:莱茵占领时期的反亲善命令不再被视为过于苛刻,而是太过宽松。

1944年3月28日,美国国务院欧洲司的官员詹姆斯·C·邓恩(James C. Dunn,1890－1979)大使在备忘录中指出:莱茵占领时期,美军和德国平民关系亲密,结果姑息了德国人的战争罪责。现

---

① G. H. W. American Expeditionary Force, General Orders No. 218, 28. Nov. 1918, in *American Military Government of Occupied Germany, 1918－1920*, Report of the Officer in Charge of Civil Affairs, Third Army and American Forces in Germany, Koblenz 1920, p. 179.

② FM 27－5 Basic Field Manual Military Government, Washington 1940, p. 4.

在整个德意志民族已深受纳粹主义荼毒，德国民众被灌输了反美情绪，企图负隅顽抗。为了给德国人教训，盟军在占领初期应严禁与德国平民亲善的行为。盟军不应怀有复仇情绪，但必须保持冷淡、严肃的态度。为了贯彻反亲善政策，应禁止莱茵兰占领区中美军与德国人混居的做法，禁止进入德国的设施和商店，禁止接受德国人的邀请和馈赠，禁止和德国人一起出席宗教仪式。反亲善政策应适用于所有德国人，民主派和受纳粹迫害者也不例外，不过可以考虑允许与民主人士对话或给予受迫害者适当帮助。

上述方案一方面延续了莱茵占领时期反亲善命令中对士兵“态度”的要求；同时，针对当时的禁令暴露的漏洞，例如住宿问题，建议调整相关措施；此外，方案也融入了路德维希对德国人性格的看法，主张盟军只有保持“高度自我约束、纪律和克制”，才能震慑和教训德国人：

“如果我们在占领中的些许不便，能给德国人一个教训，让他们知道，他们的侵略行为不仅让他们再次战败，而且当他们向我们祈求同情时，我们对他们投以鄙视和厌恶的目光，那么这些代价都是值得的。”①

1944 年 4 月 28 日，美国陆军部在上述草案基础上，拟定了参谋长联席会议第 551 号指令（简称 CCS551）——《德国战败或投降前军政府的命令》。

CCS551 第一次正式地把“反亲善”纳入对德占领的整体政策方针中：

---

① Johannes Kleinschmidt, "*Do Not Fraternize*" *Die Schwierigen Anfänge deutsch-amerikanischer Freundschaft*, *1944 – 1949*, pp. 32 – 34.

“军政府应态度坚定,应该在始终严格满足军事需要的前提下,公正而人道地对待民众。严禁盟军部队与德国官员、民众亲善。”①

三、具体反亲善措施的拟定

参谋长联席会议第551号指令确定了反亲善政策的基本原则后,盟军统帅部的G-1部门开始酝酿反亲善政策的具体实施细则。②

1944年6月,希尔德林就对反亲善政策的可行性表示担忧,他肯定反亲善的必要性:需要通过反亲善政策的实施,促使德国人体会到“他们道路的错误”,但他估计单纯凭借命令禁止亲善活动困难重重。希尔德林相信可行的措施是限制公开场合的接触,例如盟军不能在德国人的家中留宿,不能和德国人在一个餐馆用餐,不能参与德国人的宗教仪式等。他建议:一方面通过电影、广播和出版物对盟军进行宣传教育,让士兵们充分理解反亲善政策的意义;另一方面还需要为占领军安排娱乐活动,填补他们的空闲时间。③

8月,G-1根据希尔德林的看法,草拟了反亲善政策的具体措施草案。草案的第一章《德国人的态度和宣传》,重申德国人自视为优等种族,他们绝不会承认失败,必然再次谋求霸权。同时,草

① FRUS 1944, Bd. 1 p. 218ff, 另见 NA, RG 218 JCS Geogr. File, CCS 383.21 Germany (2-22-44).

② *The First Year of the Occupation*, p. 194.

③ Earl F. Ziemke, *The U. S. Army in the Occupation of Germany, 1944-1946*, p. 97.

案把“亲善活动”视为纳粹宣传机器的阴谋：

“德国人的宣传手段包括：诱使盟军与德国的平民亲善（尤其是儿童、妇女和老人）；诱使‘战士对战士’的亲善（双方军人之间的和解）；以及社交性的、官方的和宗教的接触。德国的宣传内容包括：鼓吹宽大或公平对决的精神，鼓吹怜悯战争破坏的受害者，鼓吹日耳曼人和盎格鲁人在种族上和文化上的相似性，鼓吹同情受误导和被压迫的德国民众和挨饿的德国儿童，企图离间英美两国军队，企图离间盟军与苏军，企图证明纳粹主义思想是被强加给文明的、没有侵略野心的德意志民族。这些宣传无处不在、隐蔽而危险，应采取各种措施加以抵制。”①

接着草案指出，反亲善政策的要点在于督促占领军士兵严格遵守纪律：

“‘反亲善政策’的目的是无论在任何正式或者非正式场合，都禁止以友善、友好或亲密的态度与德国人接触。同时，反亲善政策禁止粗暴的、不体面的，或者侵略性的行为，并且反对纳粹党式的侮辱性的压迫行为。”②

为了保障反亲善政策的效果，草案建议采取的措施包括：(1)压缩官方接触至最低限度，德国公职人员只有经过特殊授权才能与盟军打交道；(2)禁止盟军留宿在德国人的房内；(3)禁止盟军和德国人通婚；(4)禁止和德国人同时出席宗教活动；(5)禁止进入

---

① Johannes Kleinschmidt, “*Do Not Fraternize*” *Die Schwierigen Anfänge deutsch-amerikanischer Freundschaft*, *1944 – 1949*, pp. 37 – 38.

② *The First Year of the Occupation*, p. 195，此处是军方命令的陈述；各种文献在用词语句上有所区别，但是大意相近，如 Friedrich Baerwald, *Non-Fraternization: A Case Study of the Breakdown of an “Operational Concept”*, p. 16，则引用当时公开刊物的说法。

德国人的住宅；(6)禁止和德国人一起喝酒；(7)禁止和德国人握手；(8)禁止和德国人开展体育比赛；(9)禁止接受德国人的礼物或赠送给德国人礼物；(10)禁止出席德国人的舞会或其他社交活动；(11)禁止在街道、剧院、酒馆、旅店，或者其他场合与德国人搭话(除非公务所需)；(12)禁止与德国人讨论和争吵，尤其禁止讨论政治或德国的未来。(13)违者处以65美元罚款，或者移交军法审判。此外还计划给盟军安排相应训练、教育和休假计划。①

盟军情报部门的首脑肯尼斯·W·D·斯特朗(Kenneth W. D. Strong, 1900－1982)将军对草案表示满意；副参谋长弗雷德里克·E·摩根(Frederick E. Morgan, 1894－1967)中将认为应该制定两份文件：其中一份针对基层指挥官，罗列具体措施，另一份交给高级将领，解释可能出现的争议；盟军参谋长沃尔特·B·史密斯(Walter B. Smith, 1895－1961)将军反对命令过于详细，限制指挥官的自由裁决余地。最后，盟军总指挥官艾森豪威尔亲自认可了G－1的计划。他强调德国人必须受到惩罚，盟军应该采取一切措施，避免与德国平民接触。

1944年9月12日，艾森豪威尔向盟军各部下达了《盟国占领军与德国居民关系的政策》(*Policy on Relations between Allied Occupying Forces and Inhabitants of Germany*)，标志着反亲善政策正式登上历史舞台。当月，参谋长联席会议第1067号指令草拟完成。它是美国战后对德占领政策的纲领性文件，1945年5月德国投降后正式生效。该指令的第四条“美国军政府的基本目标”A款中，

① Petra Goedde, *GIs and Germans: Culture, Gender, and Foreign Relations, 1945－1949*, pp. 50－51.

首先确定有关“集体罪责”的思想是盟国对德国进行占领和改造的合法性来源：

“应该让德国人认识到，德国残酷的战争和狂热的纳粹抵抗摧毁了德国经济，造成了混乱和无可避免的苦难，对自己招致的祸患，德国人无从逃脱罪责。”①

反亲善政策紧随其后，出现在第四条 B 款中，成为对德占领的主要举措之一：

“占领德国不是出于解放德国的目的，而是把德国视为被打败的敌对国家。美军的目标不是压迫，而是为了实现美国的重要目标而占领德国。在实施占领和行政管理时，应当坚决而冷淡。严禁与德国官员和平民的亲善行为。”②

不久以后，英国和苏联也通过外交途径同意了美国提出的反亲善政策。

1945 年 1 月 13 日，美国国务院向美国驻英国大使馆通电传达了《关于德国停止有组织抵抗后（战败后）初期阶段的军政府，致美（英）（苏）占领军总指挥官的命令》，命令第五款提道：“你的占领和行政管理工作，应保持公正而坚决，并保持冷淡。严禁所部和德

① Directive to the Commander in Chief of the U. S. Occupation Forces (JCS 1067) (April 1945), in United States Department of State, *Germany 1947 - 1949: The Story in Documents*. Washington: Government Printing Office 1950, pp. 22 - 28.

② 参谋长联系会议 1067 号令(JCS1067)，参见 Jean Edward Smith (ed.), *The Paper of General Lucius D. Clay*, pp. 52 - 53; *The First Year of the Occupation*, pp. 98 - 107; Larry Hartenian & Lawrence Raymond, *Controlling Information in U. S. Occupied Germany, 1945 - 1949, Media Manipulation and Propaganda*, Lewiston Queenston Lampeter: The Edwin Mellen Press, 2003, p. 26；反亲善政策的制定与华盛顿决策圈的关系，另见 Petra Goedde, *GIs and Germans: Culture, Gender, and Foreign Relations, 1945 - 1949*, p. 43.

国官员及平民亲善。”①

1945 年 6 月 11 日,《欧洲委员会英国代表行动备忘录》第 17 条的规定更为详细:“所有盟军对德国人的态度应当是公正而强硬的,并且保持距离。盟军和德国民众间的亲善应严格禁止;尤其是盟军和尚未解散的德国军队之间的接触应减少到最低限度。总体上,与德国官员的接触应维持在必要的最低限度上,从而保证对行政机构进行充分的监管。”②

在反亲善的问题上,美国军政当局在把抽象的“集体罪责”观念具象化为反亲善政策的过程中,为亲善禁令增添了更丰富的内涵:

首先,亲善活动——德国人与盟军的一切接触,都被视为德国人的阴谋——它既是第一次世界大战后德国人的韬光养晦之策,也是纳粹宣传机构的秘密武器。

其次,反亲善的主要策略是克制的“惩罚”和“教育”——通过盟军“自我约束和纪律”的手段,向德国人传达“鄙视和厌恶”的态度,目的是“给德国人一个教训”。

小 结

英国作家乔治·奥威尔在《1984》中指出:谁控制了过去,谁就控制了未来;谁控制了现在,谁就控制了过去。反亲善政策的酝酿

① FRUS, 1945, Vol 3, pp. 378 – 388.

② FRUS, 1945, Vol 3, pp. 521 – 524.

产生，印证了过去、现在与未来之间错综复杂的联系。

首先，"集体罪责"对德国历史的阐述是以偏概全的，因此反亲善政策本身具有根深蒂固的不合理性，很大程度上无助于盟国建设性地改造德国社会。

从史学角度看，路德维希对德国历史的叙述并不出彩。美国史学史研究者给《德国人：一个民族的双重历史》"粗制滥造"（potboiler）的差评。[1] 事实上，路德维希的论述确实缺乏新意：一战时期，已经有人探讨德意志特殊道路和德国侵略扩张的关系；[2]纳粹上台以后，德国流亡学者对纳粹主义和德国历史的关联做了更加深入、系统的阐释。毋庸讳言，德国社会对纳粹的异军突起难辞其咎；德意志民族的确曾留下了诸多不光彩的历史记录；德国民众也确实长期服从纳粹政权的驱使——问题在于：这些现象显然不是像路德维希所强调的那样，是亘古不变的德意志人的"民族性格"造成的必然结果，而是在特定的历史背景下先后形成的具体的历史现象。

路德维希拘泥于通过恒定的、先验的"民族性格"解释历史事件，这种方法放在20世纪历史学的背景下，已经显得陈腐过时。这种流于表面的解释模式，导致路德维希扭曲了德国历史，简单粗暴地妖魔化了德国人的面目，忽略了德国社会在政治、经济上的复杂性。这些谬误导致反亲善政策具有极浓厚的意识形态色彩，实际可操作性值得怀疑，进而为亲善禁令的受挫埋下了伏笔——路

---

① Henry Cord Meyer, *Five Images of Germany, Half a Century of American Views on German History*, p. 33.

② Henry Cord Meyer, *Five Images of Germany, Half a Century of American Views on German History*, pp. 8 – 12.

德维希扭曲了过去，于是未来也就从他指尖溜走。

另一个问题是：为什么问题重重的“集体罪责”观念和反亲善政策，却得到了美国政府和盟国的认同呢？答案是这种想法“控制了现在”，因而也就垄断了解释过去的话语权。

一方面，集体罪责观念的兴起，源于美国社会对德国问题的普遍无知：

在美国社会内部，德国流亡学者对德国的理解最深刻，却难以把他们的真知灼见广而告之；歹徒理论和范西塔特主义的思潮纠结于区分“好的德国人”和“坏的德国人”，对法西斯主义本质的思考流于肤浅；美国公众对德国“充满无知与困惑”；美国政府对德国也知之甚少——一个显著的例子是，在战时美国官方和民间的舆论中，纳粹对犹太人的屠杀并没有成为关注的焦点。无知为曲解德国历史的思潮架起了温床；恐惧为妖魔化德国人的臆断添薪加柴。恰巧路德维希的身份特殊，让人们相信他理应更了解德国；恰巧他对德国历史的解读不仅通俗易懂，而且貌似颇有深度——结果美国军政当局过高估计了路德维希观点的价值。

另一方面，集体罪责思想和反亲善政策迎合了战时美国罗斯福政府外交思路的转型。珍珠港事件前，罗斯福政府一直受困于国内的孤立主义思想。美国参战后，美国外交加速向世界主义和开放主义转轨。美国式的“使命观念”方兴未艾——美国的世界性天职是“发出重要的甚至支配性的声音”。美国不仅需要消灭法西斯，还要把正义和自由的价值观传遍全球。[①] 就德国问题而言，美

① 王玮、戴超武：《美国外交思想史，1775—2005 年》，北京：人民出版社，2007 年。

国不但要承担在军事上打败纳粹的任务，还要背负起"教化"德国人民，确保持久和平的职责。正如美国军方反复强调的——反亲善政策就是"给德国人一个教训"。

总之，路德维希提出的全体德国人都必须承担集体罪责的论断，虽然并不是高明的历史洞见，但是却符合二战时期美国决策者建构德国敌人形象的政治需求。美国军政当局出台激进的亲善禁令，的确有其历史必然性。然而，德国集体罪责的历史观点对德国历史的解读过于偏激，因而反亲善政策在盟国改造德国社会的进程中势必很难发挥建设性的作用。

第二章　盟军的反亲善困局

1944 年 9 月 11 日，美国第 1 军从亚琛（Aachen）附近突入德国。12 日，盟国远征军总指挥官艾森豪威尔下达了《关于盟国占领军和德国居民关系的政策》（*Policy on Relations between Allied Occupying Forces and Inhabitants of Germany*）。欧美学术界普遍把这项命令的颁布视为反亲善政策正式付诸实施的开端。①

令人始料未及的是，艾森豪威尔的命令下达几天以后，美国媒体马上报道了美军与德国人携手言欢的"丑闻"，并且配发了照片。②

① Petra Goedde, *GIs and Germans: Culture, Gender, and Foreign Relations, 1945 - 1949*, p. 42.

② Earl F. Ziemke, *The U. S. Army in the Occupation of Germany, 1944 - 1946*, pp. 97 - 99.

（图片引自：Earl F. Ziemke, *The U. S. Army in the Occupation of Germany, 1944－1946*, p. 99）

这些影像是反亲善政策碰壁的真实写照：许多英美盟军士兵对亲善禁令置若罔闻。盟军和德国人暗通款曲的现象屡禁不绝，而且在德国投降后变得愈发普遍。最后，占领当局迫于来自自己人的压力，不得不多次放松相关限制。1945 年 10 月 1 日，盟国对德管制委员会颁布政令，取消了绝大多数反亲善措施，反亲善政策就此终结。

本章试图从历史意识的角度分析反亲善政策徒劳无功的原因：一方面，禁令的幕后主使——盟军决策层采取了哪些举措以确保亲善禁令的落实？这些措施是否奏效？另一方面，禁令的执行者——盟军士兵是否认同德国人的“集体罪责”？他们愿意贯彻反亲善政策吗？此外，亲善活动为什么屡禁不止？盟军为什么执意违背禁令去和德国人接触？

第一节　反亲善政策的颁布和强化

1944年9月—1945年5月，英美盟军及其继承者德国英、美占领区军政府颁布了一系列命令和条例，力图确立反亲善的基本措施并且确保禁令的严格执行。

一、艾森豪威尔的《关于盟国占领军和德国居民关系的政策》

1944年9月12日，艾森豪威尔对盟军各部下达了《关于盟国占领军和德国居民关系的政策》。这项命令由盟国远征军最高指挥部G-1部门起草。正式文本由欧洲战区西方盟军总指挥官艾森豪威尔签署以后，以信函的形式送交各部指挥官，最后由各级军官逐级传达给参战士兵。①

《关于盟国占领军和德国居民关系的政策》规定了反亲善政策的主要内容："无论在任何正式或非正式的场合，都禁止以友善、友

① *The First Year of the Occupation*, p. 194.

好或亲密的态度与德国人接触。”①命令要求盟军士兵驻防德国期间，应该自觉以高标准约束自己的行为；各部需要安排适当的宣传教育、娱乐活动和休假等，保障亲善禁令的充分贯彻。

除了反亲善的基本原则以外，命令及其附件还详细交代了诸多相关事宜：

首先，命令明确了反亲善政策的适用范围：凡是隶属于欧洲战区，服从盟国远征军最高指挥部指挥，与纳粹德国作战的美国、英国和法国军队，都必须遵守亲善禁令；德国投降以后，德国、奥地利和捷克斯洛伐克境内的英、美占领区都延续了反亲善政策；法国和苏联占领区没有执行这项措施。

其次，命令简述了实施亲善禁令的原因：其一，反亲善政策是一项安全措施，旨在避免情报泄露，保障盟军安全。其二，反亲善政策意图避免德国人影响盟军的思想。其三，反亲善政策是一种宣传手段，既能抵制德国推卸战争责任的宣传，又能促使德国人尊重战胜国。因为德国人性格的特点是服从强权，所以亲善禁令可以向德国人宣示盟军作为战胜者和征服者的特权和地位；盟军的冷淡态度能够促使德国人认清，其他民族不信任他们，完全是德国人的自作自受；德国人也能从中体会到德国已经被彻底打败，他们没有任何讨价还价的余地。其四，反亲善政策有助于避免盟国国内舆论对盟军产生负面印象。

接着，命令罗列了主要违禁行为：禁止盟军官兵留宿在德国人

① *The First Year of the Occupation*, p. 195，此处是军方命令的陈述；各种文献在用词语句上有所区别，但是大意相近，如 Friedrich Baerwald, *Non-Fraternization: A Case Study of the Breakdown of an "Operational Concept"*, p. 16，则引用当时公开刊物的说法。

家中;禁止与德国人或其他敌国国民结婚;禁止和德国人一起参加宗教仪式;禁止进入德国人的住宅;禁止和德国人一起饮酒;禁止和德国人握手;禁止和德国人一起玩游戏或举行体育比赛;禁止接受德国人或赠送德国人礼物;禁止参加德国人的舞会或其他社交活动;禁止在街道、客栈和旅馆以及其他任何地方和德国人结伴同行(除非公务所需);禁止和德国人讨论或争吵,尤其禁止在公开场合争辩或者谈论德国的未来。①

此外,命令赋予军官、宪兵和军事法庭维护反亲善政策的权责:各级指挥官负责监督下属遵守亲善禁令。他们可以根据陆军部的相关规定,自行裁决和处罚部下的违纪行为;宪兵队负责监察严重的不轨行为,特殊的巡逻队负责巡视辖区;轻微违反禁令者会受到训斥,情节较重者处以65美元罚款,特别严重者将面临军法审判。军事法庭定期开庭审判亲善活动嫌犯,被定罪者可能面临罚款、监禁、强制退役和劳役等刑罚。不过,参与亲善活动的德国人将不会受到任何惩罚。②

9月16日,先行攻入德国的美国第1集团军指挥官霍奇斯(Courtney Hicks Hodges, 1887 - 1966)根据艾森豪威尔的指示,敦促部下遵守反亲善政策:

"随着第1军进抵德国领土,美军将会首次身处敌国民众中间……我们很快就会发现自己的周围都是敌人……严禁结交平民进行亲善活动。和德国平民谈话应该限制在执行公务所需的最低

① Petra Goedde, *GIs and Germans: Culture, Gender, and Foreign Relations, 1945 - 1949*, pp. 50 - 51.

② *The First Year of the Occupation*, p. 199.

程度上。禁止进入德国平民的住宅,禁止同平民一起进餐,禁止与平民进行物资交易,除非得到特殊授权。”①

二、布拉德利的《美德关系特殊命令》

然而,艾森豪威尔和霍奇斯的命令收效甚微——命令颁布几天后,英美两国的报纸就刊载了德国平民与美军相谈甚欢的照片。这些报道导致舆论哗然,随即引起美国高层关注。9 月 21 – 22 日,参谋长联席会议主席马歇尔致电艾森豪威尔,传达了罗斯福总统的关切,敦促后者立即整肃军纪:

“媒体刊登了美军与德国人友好相处的照片。这些画面激怒了很多美国民众。希望采取措施约束美军和德国人的亲善活动,同时应当禁止此类照片的公布。”②

同时,美国驻莫斯科军事代表团的负责人约翰·迪恩将军(John R. Deane,1896 – 1982)也电告艾森豪威尔:《红星报》等苏联媒体转载了 9 月 20 日伦敦《星期日电讯报》(*Sunday Express*)有关美军亲善活动的报道。盟军违背反亲善政策的行为,可能已经触怒了盟友苏联。③

在华盛顿和莫斯科的双重压力下,艾森豪威尔立即回复马歇尔,表达了坚持亲善禁令的立场:“这些美军与德国人亲善的照片

---

① “‘No Fraternization With Germans’ Warning To U. S. Troops (News)”, *The Times*, Monday, Sep 25, 1944, pg. 4; Issue 49963/2.

② Earl Ziemke, *The U. S Army in the Occupation of Germany, 1944 – 1946*, p. 97.

③ Cable, Military Mission, Moscow, Deane to SHAEF for Eisenhower, 22 Sep, 1944, in SHAEF G – 1, 250. 1 – 1.

出现以前,我已经反复向部队声明禁止此类行为。”艾森豪威尔最后保证,他将会严肃查处盟军的亲善活动。① 经过这一事件,盟军开始采取更详细的措施细则,力图确保反亲善政策的落实。

1944 年 11 月 15 日,第 12 集团军群总司令奥马尔·布拉德利(Omar N. Bradley, 1893 – 1981)提出,在督促盟军贯彻反亲善政策的过程中应该遵循四大注意事项:

1. 由于德国和德国人民过去的所作所为,反亲善政策是必要的手段。

2. 反亲善政策是惩罚措施,但应该用“矫正措施”替代“惩罚”这个说法。

3. 进行情感和理智号召。

4. 我们必须公正而坚定。

根据布拉德利的思路,参谋人员草拟了《德美关系特殊命令》(简称《特殊命令》)。《特殊命令》比原有指令更简洁,篇幅只有 3 页,正文以外另附 2 页信笺。12 月,《特殊命令》被分发给盟军各部,全体士兵人手一份。每份《特殊命令》的封面上都会标注士兵的姓名。《特殊命令》的主要内容为“反亲善七条原则”。

反亲善七条原则中的前三项论述了实施反亲善政策的必要性。

第一条指出,德国人正在积极策划地下抵抗活动,盟军士兵需要“时时牢记,德国虽然已被征服,却仍然是一个危险的敌国”。

第二条回顾历史,德国人冥顽不灵地追求世界霸权,暂时战败

① Earl F. Ziemke, *The U. S. Army in the Occupation of Germany, 1944 – 1946*, p. 97.

只是再度进攻之前的小小挫折。德国人目前遭遇的灾难实属自作自受，不值得同情。他们为了征服世界不惜一切代价，背叛、谋杀和破坏都不在话下。德国人相信，为了国家不仅可以牺牲自己的理想和名誉，也可以牺牲自己的妻子和儿女——所以“永远不要相信德国人，无论集体还是个人”。

第三条针对纳粹德国的宣传蛊惑：纳粹会调动一切手段诱发占领者的同情，企图凭借宣传摧毁占领军的士气。盟军需要“抵制德国人毒化我们思想或者影响我们立场的企图”。

反亲善七条原则中的后四项，阐明了反亲善政策的主要措施和注意事项：

第四条和第五条禁止盟军实施报复、抢劫或其他不法行为：“因为你是一名美国士兵，而不是纳粹分子”，所以美军应该通过模范行为，赢得德国人的尊重。

第六条强调反亲善政策的教育作用：美军被告知“永远不要和德国人接触”，他们应该展示“文明世界”对德国人的蔑视，他们需要注重细节，回避无谓争论，“不给德国人任何机会引诱你放松警惕”。

最后一条总结指出：美国军队需要“对德国人保持公正而坚定的态度”——美国人必须展现他们的强大，因为德国人把善意视为软弱。

文件最后强调：“美国人不会以纳粹的方式同其他民族交往。不过务必记住，对德国民众保持公正而坚定的态度，可以让这个被征服的国家的民众产生敬意。”

三、蒙哥马利和英国的反亲善政策

英军和英国占领区也实施了反亲善政策。英国版亲善禁令的形式为蒙哥马利元帅致英军士兵的一封公开信。1945 年 5 月 26 日，伦敦《泰晤士报》(*Times*)以《禁止亲善活动，蒙哥马利元帅的警告和行为准则》为题，转载了这封公开信。相比美军的命令，英国方面的态度具有自己的特色：

"27 年前(1918 年)，联军曾占领过德国；但是德国在此后再次发动了战争。我们的军队在 1918 年没有展开报复：这种做法已经超过了为他人着想的程度，不到几周时间，许多士兵就住进了德国家庭。"

"敌人努力显得和蔼可亲。他们相信被占领是由于背信弃义的行为，他们的军队从来没有被打败过。他们继续笃信野蛮的力量，对此毫无悔意。"

"德国总参谋部仍然在继续战斗，他们藏匿战争罪犯和战争装备，制造大量军火，训练了一支新的武装力量。……占领军留下的印象是如此随和、通融，以至于德国人开始相信我们无论如何都不会再和他们开战了。从此以后至今，他们不断地侵略，已经让数百万人受害或死亡，他们的侵略总是在呼吁公平和友谊的烟幕下展开，接着就是赤裸裸的、残酷无情的威胁和丧心病狂的进攻。"①

---

① "Fraternization Forbidden F. – M. Montgomery's Warning, Code Of Behaviour", *The Times*, Monday, Mar 26, 1945; pg. 3; Issue 50101; col E.

蒙哥马利元帅的公开信先后述及“背后一刀”理论[1]、第一次世界大战后的德军总参谋部的所作所为，以及纳粹德国外交上屡试不爽的虚假和平呼吁。显然，英国版的反亲善政策在陈述德国历史时比美国人更加细致。通过这些历史细节，德国人包藏祸心、不值得信任的形象被塑造出来。

接着，公开信以《敌人的宣传》为题，陈述了“德国人的潜在威胁”：

“德国人会伪装成屈服的样子，表示从来不喜欢纳粹；纳粹才是应该为战争负责的人。德国人会争辩说德国从没有得到公平竞争的机会。德国人会挑唆盟军士兵彼此争吵，你们没有为此受训，他们却习以为常。德国人会利用亲友、女人和孩子，‘夸大’各种破坏和贫困。他们会邀请盟军去他的家，密谋破坏或偷盗装备、油料和食物。如果可能的话，他们会诱使盟军出售这些东西。他们会传播美国人和苏联人进入英占区的故事和英国人进入其他盟国占领区的谣言。”[2]

在陈述了实施反亲善政策的两方面原因（德国的历史传统和纳粹的潜在威胁）之后，蒙哥马利的公开信开始罗列具体的禁止事项：

“由于这些情况，我希望每一名士兵都清楚‘反亲善政策’……

---

① “背后一刀”理论产生于第一次世界大战以后。当时一些德国旧军官宣扬，德国战败不是军事失利所致，而是左翼政党在国内策动罢工和革命的后果——是为“背后一刀”。“背后一刀”理论的盛行，导致魏玛共和国总统、社会民主党人艾伯特（Friedrich Ebert, 1871 - 1925）等左翼人士被诬陷为叛徒，左翼政党受到质疑，魏玛共和国的合法性遭到动摇。

② “Fraternization Forbidden F. - M. Montgomery's Warning, Code Of Behaviour”, *The Times*, Monday, Mar 26, 1945; pg. 3; Issue 50101; col E.

纳粹的渗透无处不在,即使学校和教堂也有所染指。……时间太短,你难以分辨‘好的’和‘坏的’德国人。行为条例能让你在赢得和平的进程中发挥积极作用。在街上、室内、咖啡馆、电影院等场合,你都不得接触德国人,无论男人、女人还是孩子,除非你是在执行公务。你不能和他们同行、握手或者拜访他们的家,也不能赠送礼物给他们或接受他们的礼物。你不能和他们进行比赛,也不能和他们分享任何社交活动。简而言之,你完全不能和德国人发生任何接触。”

最后,公开信重申了反亲善的意义——惩罚罪责、防备抵抗、教育改造以及赢得和平:

“我们的良知是清白的:‘反亲善’对于我们来说意味着不进行任何报复。我们并不认为我们是主宰种族,但是一个有罪的国家绝对不能仅仅被宣判有罪,它必须承认它的罪责。只有这样,才能为再教育德国的计划奠定基础,并且促使德国重新回归体面的、人道的社会。

“德国人具有彻底的纪律性,虽然他们与我们有所不同。这些人不会以外行的眼光评判你们:任何懈怠将被视为抵抗运动的暗号,促使他们加紧努力。

“要做到公正、坚定、正确、有序,而且不要争辩。上一次我们赢得了战争,却让和平从我们手中溜走了。这一次我们不能再掉以轻心——我们必须同时赢得战争与和平。”①

① “Fraternization Forbidden F. – M. Montgomery ’ s Warning, Code Of Behaviour”, *The Times*, Monday, Mar 26, 1945; pg. 3; Issue 50101; col E.

四、特殊规定和措施

为了确保反亲善政策的顺利实施，盟军当局还针对特殊人群和特定事务制定了专门的条例，以弥补亲善禁令可能出现的漏洞。

在人员方面，随军神职人员和有德国亲属的人员被视为卷入亲善活动的主要“高危人群”。针对这两类人员，盟军分别制定了相应规定。

1944年9月12日，盟军统帅部下达《神职人员与德国教士和德国居民关系的政策》。这项条例首先强调，神职人员对于贯彻反亲善政策具有特殊的重要性：

“牧师能为贯彻反亲善政策提供重大帮助，他们既要以身作则，同时也要向士兵阐明反亲善的原因、必要性及其意义。他们应充分熟悉所有相关指令、命令、章程和公告，以便利用一切机会向盟军解释这项政策。他们应当在一切适当场合告知部队：占领军的任务、他们应该以何种态度对待德国人以及他们的行为理应达到的标准。”①

对神职人员的具体要求包括：第一，盟军教士与德国教士的关系受到限制：“与德国教士的接触，限于可能对占领军产生影响的有关教会和宗教的事务上。”第二，宗教仪式必须严格地隔离盟军和德国平民：“无论何时，盟军的宗教服务应尽可能由盟军牧师主

---

① 《神职人员与德国教士和德国居民关系的政策》参见 *Cases & Materials on Military Government*, Civil affairs holding & staging area presidio of Monterey, California 1945.9.15, pp.446 – 449.

持,使用盟军的宗教器具。当有其他适合宗教设施供平民使用时,不允许当地居民出席。当德国人出席时,他们需要与盟国人员分开。”第三,盟军教士与德国平民的接触仅限于少数特例:“在紧急情况下,如果没有当地神职人员,盟军牧师可以为德国平民提供私人宗教服务……这些服务仅限于重病和葬礼。”第四,严格管控盟军与德国教士接触:“在紧急情况下,如果没有随军牧师,德国教士可为盟国占领军人员服务。此类服务仅限于重病或葬礼。”①

对于德国亲属问题,盟军最初的计划是把相关人员从军政府全部清除出去。

1945 年 3 月出台的规定要求:军政府人员中,凡是父母、祖父母和兄弟姐妹、堂兄弟、表兄弟、姻亲亲属甚至叔伯姑嫂等居住在德国者都必须离职。由于清洗范围过大,盟军的许多部门,尤其是情报、心理战和军政府的工作受到严重影响。根据相关估计,军政府需要解职 200 名官员和 600 名士兵,其中包括一些重要的翻译人员;陆军部任命的许多占领区事务专家也需要被撤换。

5 月 15 日,盟军当局放宽了相关限制:堂兄弟和表兄弟被从限制名单中删除;当事人如果是占领军不可或缺的人员,会受到特殊许可得以留用,只需远离亲属的居住地即可。7 月,限制再次放宽:祖父母和叔伯姑嫂等也被排除;相关人员可以在距离亲属居住地 100 英里以外的地方继续供职。11 月 30 日,限制有德国亲属人员的命令最终被撤销。②

---

① *Cases & Materials on Military Government*, Civil affairs holding & staging area presidio of Monterey, California 1945. 9. 15, pp. 446 – 449.

② Johannes Kleinschmidt, “*Do Not Fraternize*” *Die Schwierigen Anfänge deutsch-amerikanischer Freundschaft*, *1944 – 1949*, pp. 43 – 45.

此外，针对雇佣德国劳工和商品交易问题，盟军也出台了特殊的折中措施，意图避免这些活动影响反亲善政策的贯彻。

在二战中，盟军通常会雇佣一些当地平民帮助军队完成洗涤、餐饮、翻译、杂务等工作。如果盟军在德国继续雇佣当地劳工，势必与反亲善政策产生冲突。1944 年夏季，盟军统帅部为了避免雇佣德国人，考虑在欧洲的被解放国家招募劳工，让这些人随军进入德国。当年年底，盟军准备在法国、荷兰和比利时雇佣 80660 人，可是应募人数不足。随着时间推移，随军劳工短缺日益突出。

为了解决劳工问题，盟军不得不重新考虑录用德国雇员，但附加了大量限制：1944 年 10 月，欧洲战区下令，允许雇佣德国平民从事 112 种技术和半技术工作、15 种文职和管理业务，以及 14 种杂务和医疗职位，不过德国劳工必须在官方监督下才能与盟军共事。此后，盟军统帅部一度收紧劳工政策：规定只能在没有其他选择的情况下，才能雇佣德国平民；只能安排德国人从事不体面的工作，如清理街道等；坚决杜绝德国人在工作中诱惑美军发生亲善活动的机会；此外，翻译、医疗和餐饮等敏感职位也受到严格管控。德国投降后，盟军的劳工政策逐渐放松：1945 年 7 月，占领当局授权雇佣德国人组成乐队和交响乐团等。8 月，法兰克福地区的军政府开始允许美军军官雇佣德国平民打理私人事务。9 月，军政府开放雇佣德国人充当美军的帮佣、教官和司机等。①

在贸易方面，盟军采取回避和搁置的态度，规定商品交换不属于亲善的范畴。起初，盟军是否能在德国进行某种商品交易的问题曾在盟军统帅部内部引发争议：按照惯例，盟军在支付军饷时会

① *The First Year of the Occupation*, p. 195.

发放部分“盟军马克”(allied military marks)。此举的初衷是让盟军用这些货币在德国采购当地货物，但是艾森豪威尔等人怀疑这种做法可能会妨碍反亲善政策的执行：

“我们计划让我军士兵在德国‘购物’吗？如果如此，我们怎么避免亲善呢？我们需要从各方面重新审视整个问题，尤其要认真考虑军队的报酬。”①

亲善禁令的起草者之一巴克将军认为，彻底禁止商业交易可能酿成严重后果，坐拥配给物资的盟军士兵很可能投身德国黑市谋求物质补偿。盟军的军政府部门认同这种务实的看法。他们认为商品买卖算不上“社会或私人关系”，而且杜绝商品交易很难奏效，与其一味堵截不如予以疏导。1945 年 5 月 4 日，盟国远征军最高指挥部最终决定把贸易排除在亲善禁令以外，只禁止出售食物和其他敏感物资。

从上述命令和制度来看，盟军官方贯彻亲善禁令的立场坚决，但是考虑不周。

一方面，英美军事当局为了巩固反亲善政策可谓三令五申，并且针对宗教、劳工和贸易等拟定了相应规定。这些命令在德国集体罪责的历史意识的基础上，推导出一系列制度设计：反亲善的本质是赋予普通的人际交往反纳粹的政治意义；政策的核心是切断盟军与德国人之间的一切非官方接触渠道；反亲善的具体措施主要是严格约束占领军的行为举止——由此可见，官方贯彻亲善禁令的态度坚定。

---

① Johannes Kleinschmidt, “*Do Not Fraternize*” *Die Schwierigen Anfänge deutsch-amerikanischer Freundschaft*, *1944 - 1949*, pp. 43 - 45.

另一方面,反亲善政策的制度设计显然不够严密——对于占领者,亲善禁令要求他们严格自律,可是对违纪行为的惩罚有限;对于德国人,反亲善政策奉行不理睬的态度,既不解释政策的初衷,也不惩罚触犯禁令的德国人——不难想象:亲善禁令能否奏效,主要取决于盟军的思想觉悟,依赖于军队内部的宣传教育。

第二节 反亲善宣传和教育

因为美国公众对战争本质的认识相对薄弱,美国当局在酝酿亲善禁令之初,就强调通过宣传教育手段,促使盟军自觉抵制亲善。美国陆军部士气服务局(Morale Services Division)具体负责这项工作。该部门的首脑奥斯博恩(Frederick Henry Osborn,1889-1981)这样评价宣传教育对于贯彻亲善禁令的重要性:

"他(美军士兵)必须认识到,如果德国民众充分认识到自身罪责,未来的战争就可以避免。我们不能把德国人当成朋友,除非他们先在道德上改过自新。认识和理解这些观点,能促使士兵明确他们不能和德国人亲善的原因。利用电影、广播、出版物和新闻等媒体是加深美军思想觉悟的最可行和最有效的方式。"①

据此,盟军发动了针对亲善问题的宣传攻势,他们称其为"反亲善教育"。② 早在亲善禁令正式公布之前,部分宣传教育工作就

---

① Johannes Kleinschmidt, "*Do Not Fraternize*" *Die Schwierigen Anfänge deutsch-amerikanischer Freundschaft*, *1944-1949*, p.59.

② *The First Year of the Occupation*, p.195.

已经展开。随着局势的发展，宣传和教育逐渐成为维持反亲善政策的最重要的途径。

一、"请勿亲善！"——《德国口袋指南》和反亲善教育

1944年6月初，陆军部士气服务局编印了第一份服务于宣传亲善禁令的材料——《德国口袋指南》（*Pocket Guide to Germany*，简称《指南》）。《指南》篇幅短小，尺寸袖珍，便于战士随身携带。6月，盟军已经把68万册《指南》分发给即将反攻欧洲大陆的美军[①]；11月，《指南》的分发数量达到200万份。

除了《指南》以外，盟军还制作了其他类似的小册子：例如《单位指挥官手册（德国）》（*Handbook for Unit Commanders* 〈*Germany*〉）。这本手册在1944年夏季分发，主要供军官使用，其中也包括宣传亲善禁令的内容；另外，1945年1月，盟军又把布拉德利签署的《美德关系特别命令》大量发放到前线部队和后方人员手中。[②] 虽然宣传手册的吸引力不如电影和广播这些现代传媒，但是以《指南》为代表的纸质小册子，依然是反亲善教育中最常用的宣传工具。

---

① 据艾森豪威尔回忆，1944年8月1日，盟军部署在西欧的地面部队共有35个师，10月1日，盟军兵力增加到60个师。另据估计，直到战争结束前，西欧战场美军的总兵力不超过130万。参见艾森豪威尔：《艾森豪威尔将军战争回忆录》，刘卫国等译，北京：解放军出版社，2010，第295页。

② *The First Year of the Occupation*, pp. 194 - 195.

此处以投入使用最早、影响较大的《指南》为典型案例，阐明盟军进行的大规模反亲善宣传教育的主要特点。

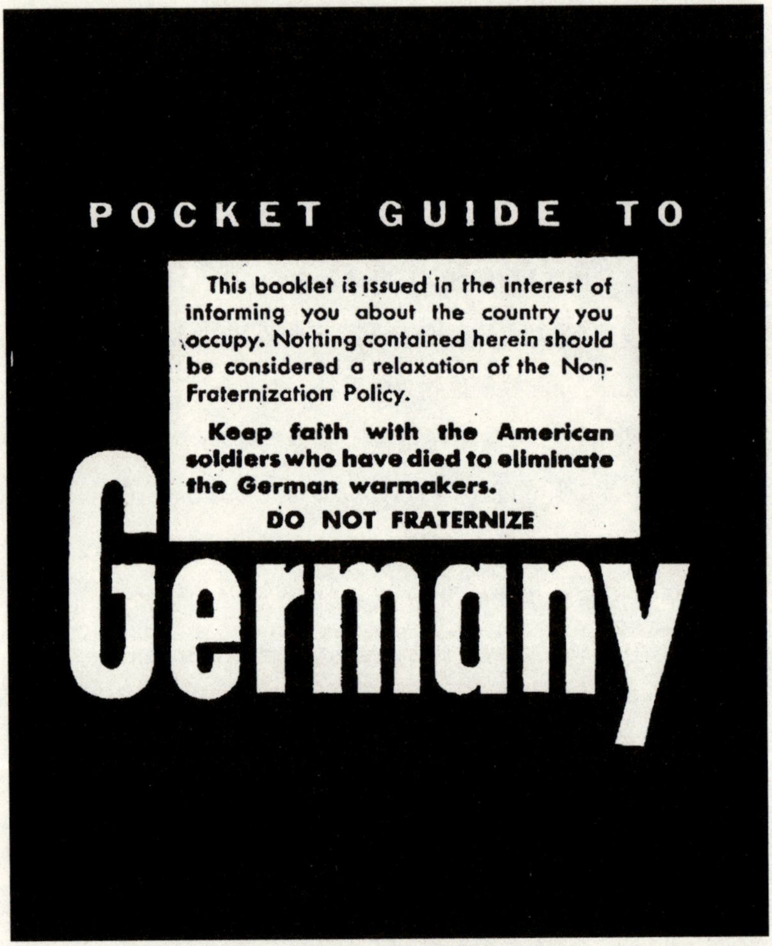

《指南》的封面用加粗字体和大写字母标明了手册主旨："请忠于为了消灭德国战争狂人而牺牲的美军士兵。请勿亲善！"

手册的正文分为五个章节:《你在德国的职责》《警惕》《背景》《总结》和《附录》。除了《附录》中穿插简介德国的概况(如地理、气候和货币等)和简单德语会话以外,《指南》的主要内容基本围绕解读德国问题和宣传反亲善政策展开。

《指南》的第一章《你在德国的职责》开宗明义地指出:

"占领德国的任务将为你提供一个机会,你需要对自己做出保证:当你回国以后,德国人不会举起武器发射子弹或者再次向毫无怀疑的世界撒谎。未来和平的最大挑战之一,就是德国人能否在民族大家庭中成为守法、有用的一员。"①

交代了政策的意义和目的以后,《指南》随即提出了主要的反亲善措施:

"绝对禁止亲善行为,这是毫无疑问的!……除非获得上级允许,否则禁止你进入德国人的家,禁止用友善、亲切的态度和德国人交谈,无论是在公开场合还是在私人场合。"②

在《警惕》和《背景》两个章节中,《指南》展开论证了执行反亲善政策的必要性和注意事项。《警惕》主要介绍德国的现状,《背景》着重回顾德国的历史。

最后,《指南》在《总结》中重申了反亲善的信条:

"请在德国保持这种态度:坚决(Firm)、公正(Fair)、冷淡(Aloof)。"③

总体而言,《指南》是一本简明浅显的宣传读物,融合了宣传反

---

① *Pocket Guide to Germany*, U. S. Government Printing Office, 1945, p. 1

② *Pocket Guide to Germany*, p. 2.

③ *Pocket Guide to Germany*, p. 34.

亲善的口号和论述德国历史的文字。虽然《指南》掺杂了大量宣传因素，不过从历史意识角度入手，特别是通过与路德维希的文本进行对照比较，仍然不难挖掘出《指南》试图塑造的德国历史形象。

在时间意识上，《指南》淡化了德国的历史和现状的区别。

在第三章《背景》中，《指南》把德国历史划分为“纳粹时期”“德意志帝国”和“德意志帝国以前”三个阶段，三个时期的特点都是独裁统治和侵略扩张：

“这（纳粹统治）是一个古老故事残酷的新版本——这个故事就是自古以来德国如何一再把民众组织起来武装成征服者。”

“德国再次发动泛日耳曼远征（第一次世界大战），谋求实现其征服与掠夺的欲望。泛日耳曼主义是德国征服世界梦想的名号。一首德国青年在眼下的第二次世界大战中还在高唱的歌曲表明了这种思想——‘今天德国是我们的，明天全世界也是我们的’。

“1870 年，俾斯麦打败法国，统一了德意志诸邦，由此开始了他征服全世界的梦想。俾斯麦是一个普鲁士人，他相信德国人的血统比其他种族更加高贵……俾斯麦的野心在德国并不新鲜，但是他把这些计划付诸实践。……他是一个独裁统治者，而不是一个民主主义者。他为后来的德国领袖们树立了一个榜样，德国人民拥护这样的统治。他们依然如此……他们追随希特勒，正如同 1914 年他们追随皇帝（威廉二世），又如 19 世纪他们听从俾斯麦的意志。”①

在历史性意识上，德国的扩张传统是静态的，德国侵略的危害却呈现出急速加剧的动态趋势：

---

① *Pocket Guide to Germany*, pp. 20 – 27.

“从历史的角度看，德国的侵略行为或者征服欲望并不新鲜。数世纪以来，德国人的好战精神仅仅折磨着他的近邻们。直到最近，由于现代化的技术和全球各地间距离的缩短，德国人开始认真思考如何实现他们奴役全世界的野心。……如果其他国家不顽强抵抗，德国人永远不会停止向其他国家进军。”

“1864 年以来——在许多人一生的时间里——德国五次冲出了自己的边界，对其他国家发动侵略战争。1864 年入侵丹麦；1866 年入侵奥地利；1870 年入侵法国；1914 年入侵比利时和法国；1938 年—1941 年，入侵捷克斯洛伐克、奥地利、波兰、苏联、挪威、丹麦、南斯拉夫、希腊、比利时、荷兰和其他国家。”①

结合时间意识和历史性意识，《指南》对德国历史的宏观趋势的归纳与路德维希如出一辙——侵略扩张和独裁统治是德意志民族劣根性的必然恶果。《指南》尤其强调了当前德国威胁的严重性已经达到前所未有的高度。

不过，《指南》在叙述中打乱了时间先后顺序，忽略了很多重要的历史事件。

就结构而言，在第三章《背景》中，《指南》用《纳粹真空》和《回顾历史》两节篇幅详述第三帝国 12 年的历程；接着，《指南》仅仅用了《德意志帝国》和《德意志帝国以前》两个小节就蜻蜓点水地概述了一战以前的整部德国史。

就内容而言，《指南》对德国历史的“厚此薄彼”表现得更加明显：

首先，《指南》完全把魏玛共和国视为纳粹德国的序幕，魏玛时

① *Pocket Guide to Germany*, p. 27.

代甚至没有被划分成单独的历史时期。在魏玛共和国时期的历史事件中,《指南》只提及了魏玛宪法和兴登堡之死,它们充当了希特勒平步青云的垫脚石;鲁尔危机、施特雷斯曼外交和1929年经济危机等,因为和纳粹上台没有直接联系,都遭到忽略。

其次,近代以前的德国历史遭到大幅删减,几乎面目全非:“德意志帝国”的时代被等同于德国发动第一次世界大战的过程;“德意志帝国以前”的历史被简化为普鲁士的王朝战争。由此,一方面,德国和西方世界共享的众多历史传统,诸如基督教和工业革命等都被轻率地抹去;另一方面,德国历史上开明和民主的因素:例如普鲁士改革和1848年革命等也被排除在读者的视野之外。

如果《指南》在整体结构上的厚今薄古,尚且可以用篇幅有限来解释;那么手册在历史分期和史实叙述上的详略失衡,只能被解释为服务于“后设叙事”的刻意安排。通过操纵历史叙述,德国历史被归结为统治者永恒的侵略扩张和民众不变的狂热追随。《指南》意图昭然若揭:灌输“集体罪责”的历史意识。

路德维希仅仅曲解了某些历史细节,已经把德国的历史形象扭曲得面目全非。《指南》进一步抛弃了历史叙述的诸多基本元素,有目的地剪裁史实,以便突出德国人的“集体罪责”,因此《指南》建构的德国形象无疑更加片面、偏激。

在认同意识上和道德意识上,《指南》着意打造“邪恶的德国”和“正义的美国”这样一组彼此对立的形象。

第二章《警惕》通过比较美国和德国青年,揭示出两国迥异的意识形态:

“美国引以为傲的那些精神:运动精神、正直和公平竞赛,通过教育被注入我们的年轻人体内。……你属于一个自由人的共同体,在这里所有的权利和特权都来源于民主制度。你对政府的忠诚,来源于对国家的忠诚。统治国家的代表,由你自己投票选出。……你知道,人生而自由,生而平等,这意味着你不比任何人优越,也不比任何人卑微,但是你有机会通过公平竞争证明自己的才能。”

“1933 年以后,德国男孩一直被蓄意灌输截然相反的教育。……他被教育去折磨他人并忍受折磨。他被反复灌输,他是一个优等种族的一员,其他任何民族都是劣等民族,注定是他们的奴仆……他学会了牺牲一切,他自己、他的家庭,甚至他的妻子,服务于希特勒和纳粹党。他狂热地忠于希特勒。希特勒是死是活,对此没有影响。德国人对优等民族征服世界、主宰世界的狂热依然存在。”①

《指南》描绘的美国人追求自由、民主和公正;德国人却迷恋迫害、奴役和种族主义——两者对比,高下立判。无独有偶,在《德国人怎样看待美国》一节,《指南》又通过德国人的视角,比较了第一次世界大战后的美国和德国:

“当时(魏玛时期),德国人对美国充满了尊敬与钦佩,事实上 20 年代后期许多德国人都在讨论德国的‘美国化’(Americanization)。……人们记得,占领莱茵兰的美军对待当地人极为友善,美国也没有批准《凡尔赛和约》。”

“纳粹掌权后,他们试图证明纳粹德国比世界上任何国家都更加优越。他们认为抹黑美国,尤其是攻讦美国的民主制度特别重

---

① *Pocket Guide to Germany*, pp. 7 – 9.

要。于是,他们企图抹掉魏玛时期对于美国人和美国生活方式的一切好印象。我们的国家被描绘成巨富和赤贫的两极分化、政客贪污腐败、帮派横行和普遍失业的景象。"①

美国对德国的宽宏大量和德国对美国的恩将仇报,给这两个国家染上了醒目的道德色彩。魏玛时期的德国人对美国充满钦佩,同样表明美国优于德国。不过,这些叙述在事实层面值得商榷:魏玛时期德国人对美国实际上褒贬不一;美国否决《凡尔赛和约》也不是有意善待德国,而是受到孤立主义的影响。

由此可见,《指南》不是谋求从国际政治角度出发,阐明美德两国兵戎相向的起因,而是带有主观偏见地为德国和美国的矛盾蒙上"正邪对决,势不两立"的道德面具。通过在认同意识和道德意识方面建构"邪恶的德国"对垒"正义的美国",《指南》意图达成一石二鸟的目的:

一方面,"邪恶的德国人"形象服务于把德国人污名化。美国人与德国人的交往被曲解成带有阴谋色彩的"亲善"。例如,《借口》一节指出:

"被打败的德国人可能会玩弄战胜者同情心。1918 年上一场战争结束以后,德国人已经玩弄过这种伎俩,他们也许希望更大规模地故伎重演一次。

"他(德国人)非常狡猾,如果他能和你对话,他就会尝试在你头脑中播撒分裂、种族仇视和不满的种子。如果他这么做了,不要让他得逞。

"不要忘记:如果德国人计划复述他的历史,他至少会尝试散

① *Pocket Guide to Germany*, pp. 10 – 11.

播纷争,从而为另一次征服世界的企图进行准备。"①

另一方面,"正义的美国人"形象服务于建构盟军的身份认同——作为正义的代表,占领军有权利也有义务对病态的德国社会展开"惩戒"和"教育"。《警惕》和《总结》两章反复强调:

"当和平降临时,其他美国和盟国的代表会关注如何治愈德国人的疾病——永远摧毁德国妄图征服世界的武装力量和意志。你自己的职责是认清这些事实并随时保护好你自己。"②

"盟国有权对战争的责任人施加严厉的制裁。你作为一名美军士兵,有责任实现联合国家希望通过这场战争赢得的东西——体面的世界和平。

"请对这本小册子试图告诉你的事情保持高度警觉,从而避免重演上一代人因诚实而犯下的错误。"③

《指南》煞费苦心地建构了"正义的美国"对垒"邪恶的德国"。这种思路有别于路德维希的做法:后者把抽象的"基督教世界"作为邪恶德国的对立面。《指南》的说法显然更多地融入了二战时期美国萌生的"使命"观念。

不过,相比某些激进的范西塔特派人士质疑"德国能被治愈吗?"的极端立场,《指南》表达的仇视德国的思想反而相对"克制":盟军被要求仅仅以"轻蔑的态度"惩罚德国的罪责,凭借"模范行为"教育德国人,禁止残酷报复德国民众:

"这本《指南》的目的不是高唱仇恨之歌挑衅敌人,也不是让你

① *Pocket Guide to Germany*, pp. 12 – 15.

② *Pocket Guide to Germany*, pp. 9 – 10.

③ *Pocket Guide to Germany*, p. 32.

用德国人的残忍和暴行，对德国狂热的偏执展开报复。”①

在政治意识上，《回顾历史》一节侧重介绍了纳粹的集权体制无孔不入：

“纳粹党奉行全面的独裁统治。纳粹党为了确保自身的集权，把党羽安插进所有的国家要害部门，从柏林的中央政府一直延伸到每个小村庄——国家和政党融为一体。大多数纳粹头目……占据了柏林帝国政府的高位。大部分地方小头目同时拥有党内职务和市长、警察局局长及议员这样的政治官衔。所有的基本政策都是由纳粹党制定并授权，所有法律都是由纳粹高层授意。最终纳粹的网络遍及警方和管理机构，覆盖全体人民，从而把耳目伸向各个角落，把所有人纳入其中。”②

在经济、社会意识上，《指南》蜻蜓点水地提及了德国生活水平的恶化：

“德国的生活水平无疑在战时有所下降。供水可靠性降低，食品安全性不佳。出现斑疹伤寒疫情，寄生虫有所增加。肥皂短缺进一步影响了卫生状况。”③

在政治意识和经济、社会意识上，《指南》着墨甚至比路德维希的解读更少，只是简单地指出纳粹党对德国社会的全面控制。

最后，在事实意识上，《指南》侧重于夸张渲染某些耸人听闻的说法，轻视客观事实。例如，《警惕》一章强调希特勒通过民选上台和纳粹组织党卫军地下武装：

① *Pocket Guide to Germany*, p. 33.

② *Pocket Guide to Germany*, p. 20.

③ *Pocket Guide to Germany*, p. 16.

“德国人都阅读过希特勒的《我的奋斗》。他们知道希特勒企图对少数民族和全世界做什么。这本书已经把这些阴谋透露给了他们,可是他们中的大多数人仍然投票支持纳粹党,尽管他们知道自己的选票会让纳粹党大权独揽,让希特勒成为德国总理。①

“战争期间,德国人让50万精锐杀手留在国内。他们是黑衣‘党卫队’和希姆莱‘盖世太保’的秘密警察部队。……德国战败以后,这50万人的军队会脱下制服,隐姓埋名消失在平民中。数千盖世太保和德国军队也会如法炮制。”②

这两段叙述明显都有悖于事实:

1932年7月,纳粹党在德国国会选举中获胜,不过其得票率仅为37.4%——指责“绝大多数”或“全部”德国人都投票支持纳粹,无疑是以偏概全。

至于纳粹的地下抵抗,即所谓“狼人”运动:根据战后统计,正规准军事“狼人”的影响微乎其微。他们只策划了一次重大袭击,即1945年3月亚琛市市长弗朗茨·奥本霍夫(Franz Oppenhoff,1902-1945)遇刺事件③;大多数“狼人”被证明是受纳粹宣传蛊惑的个人行为。1945年4月1日,戈培尔借助广播号召德国民众反抗盟军,但是只有零星小团体发动了象征性的抵抗,例如切断电线、用“狼人”队标志涂鸦墙面等。④ 诚然,当时盟军的情报可能有

---

① *Pocket Guide to Germany*, p.4.

② *Pocket Guide to Germany*, p.5.

③ Klaus-Dietmar Henke, *Die amerikanische Besetzung Deutschlands*, Munich: R. Oldenbourg, 1995, pp.943-954.

④ Christina von Hodenberg, “Of German Fräuleins, Nazi Were wolves, and Iraqi Insurgents: The American Fascination with Hitler's Last Foray”, *Central European History*, Vol. 41, No. 1 (Jan., 2008), pp.71-92.

误，但《指南》动辄宣称："50 万党卫军精锐"和"希特勒的生死毫无影响"，显然有捕风捉影之嫌。

相比路德维希依据自己的方法论进行的想象和虚构，《指南》中展开的虚构和夸张具有更加明确的宣传意图——通过夸大纳粹威胁的严重性，《指南》谋求突出禁止亲善的必要性。

总之，《指南》基本承袭了德国集体罪责的历史观念。特殊的时间意识和历史性意识，充当反亲善政策的逻辑基础。《指南》把历史叙述当作工具，服务于关切当下和展望未来的政治意图：全体德国人都需要对纳粹暴行承担罪责；侵略扩张是德意志民族的天性使然——这些"历史事实"赋予了亲善禁令的必要性。

《指南》最突出的特点在于认同意识："正义的美国"对垒"邪恶的德国"。这组对立的身份认同，服务于论证反亲善政策的具体措施：德国人是"邪恶的"，"亲善活动"是阴谋，因而必须加以抵制；美军作为"正义"的化身，应该保持"坚决、公正和冷淡"的态度，从而给德国社会一个教训；美国人既不能对德国人心慈手软，重蹈一战覆辙；也不可以肆意凌辱德国平民，玷污美国的道德节操。

此外，事实意识依然是叙事中的短板。《指南》滥用了选择性和当下联系性因素，不遗余力地妖魔化德国的形象：曲解德国历史的"后设叙事"有增无减；美国和德国的"善恶对立"被无限放大；德国社会的复杂性遭到遮蔽——反亲善教育不但没有修正集体罪责观念的失当之处，反而把既有的偏见推向极端，进而渲染了一系列"神话"：规模惊人的潜伏武装、无孔不入的纳粹宣传和口蜜腹剑的德国民众。

二、其他反亲善宣传措施

1944 年秋季,美军的阿瑟·古德弗兰德(Arthur Goodfriend, 1907－1998)少校在考察了美军第 1 步兵师以后,撰文表示他对反亲善教育的实际成效忧心忡忡。古德弗兰德认为,反亲善教育的难点在于,第一次世界大战后,美国社会对德国的同情根深蒂固。他担心,单凭《德国口袋指南》等宣传手册,不足以单独胜任灌输反亲善意识的任务。他的建议是:

“应该利用一切可行的手段,向士兵灌输他与反亲善问题有关的义务和职责,另外需要向士兵们示范恰当的行为举止及其原因。……(反亲善的)原因不能只说明一遍,应该通过不同方式多次强调。”①

受到这种观点的影响,盟军除了继续大举分发小册子以外,也开始引入报刊、广播和电影等多种宣传媒介,力图充分地解释和宣传反亲善政策。

(一)报纸杂志和宣传画

美军的官方报纸是《星条旗报》(*Stars and Stripes*)。其他军方刊物有《军队谈话》(*Army Talk*)、《星条旗报》增刊《战争周刊》(*Warweek*)和杂志《美国佬》(*Yank*)等。这些刊物经常刊登文章和社论,旁敲侧击地探讨亲善禁令,例如:《德国人有什么问题?》《苏

---

① Johannes Kleinschmidt, “*Do Not Fraternize*” *Die Schwierigen Anfänge deutsch-amerikanischer Freundschaft, 1944－1949*, p. 65.

联人怎样消灭德国人?》和《像德国佬看待你那样看待自己》等。美军的宣传经常借题发挥,利用其他话题引出反亲善事宜。

1945 年 5 月,美军刊发特稿《别在德国搞砸了!》(*Don't be a Sucker in Germany!*)。特稿的内容是:德军崩溃以后,纳粹将转入地下,秘密抵抗将会给盟军带来致命威胁。德国人极有可能偷师法国、荷兰和比利时抵抗运动的经验,采取类似策略打击盟军。报道特别强调了妇女和儿童在地下活动中的作用。文章借一名比利时军官之口指出:"德国人是天生的骗子"。盟军不能指望在德国碰到"好人"。报道最后警告:

"如果德国地下运动爆发,那么它将是毫不留情的。党卫军和盖世太保特工会主导这些行动,他们不惧怕杀戮。他们可能在任何地方展开行动。德国的所有男人、女人和孩子都必须受到怀疑。"①

《别在德国搞砸了!》对于地下抵抗运动的描述与《指南》的内容高度近似。二者都高估了纳粹潜伏势力的实力,同时曲解德国人的"民族性格",最终得出了有必要严格贯彻反亲善政策的结论。

无独有偶,《军中对话》1945 年 2 月第 3 卷第 7 期,腾出了几乎一半的篇幅刊登文章《我们作为征服者而来》(*We come as Conqueror*)。整段文字连篇累牍地记述美军在德国的日常工作,包括转移驻地、抓捕犯人,甚至维修水管,目的是证明"没有亲善的余地"("*Why there is no room to fraternizing*")。②

---

① Johannes Kleinschmidt, "*Do Not Fraternize*" *Die Schwierigen Anfänge deutsch-amerikanischer Freundschaft, 1944–1949*, p. 68.

② *Army Talk* 1945 年 2 月第 3 卷第 7 期。

除了文字以外，图像也在宣传中发挥作用。在美国国内的报刊上，漫画经常充当仇视德国宣传的主力。例如，1944 年秋季《纽约时报》就刊登了一则漫画：一名德国中年男人伸手向盟军示好。他的手上却在滴血。血液在地上汇成华沙和卢布林的字样。漫画的标题写道："不，亨利希，这洗不干净。"①

美军有时也会利用漫画宣传亲善禁令。例如，美军第 12 集团军曾大量张贴过几种宣传画："同一只手的不同角度"——画面上一个人举手向希特勒敬礼，另一只手举手欢迎盟军；"最爱的宝贝"——画面是德国女人推着婴儿车，车里没有婴儿而是希特勒的画像；"傻瓜万岁"（Heil Dumkopf）——内容是德国人用纳粹敬礼的姿势向盟军致意；漫画"你好！蠢货"（Hello Sucker）的情节是德国女人把美军骗进卧室，她在反锁房间以后大声呼救，最后美国人受到惩罚。②

（二）广播

1945 年春季，盟军开始大举利用盟军广播网（Allied Forces Network），实施反亲善宣传。③ 当时，盟军统帅部牵头制作了约 70 种简短的"特别消息"，这些短讯的长度通常不足 10 秒，特意安排在受欢迎的节目之间插播。

有的消息提醒美军不要重蹈第一次世界大战以后战胜国宽纵

---

① Petra Goedde, *GIs and Germans: Culture, Gender, and Foreign Relations, 1945 – 1949*, pp. 48.

② Johannes Kleinschmidt, "*Do Not Fraternize*" *Die Schwierigen Anfänge deutsch-amerikanischer Freundschaft, 1944 – 1949*, p. 72.

③ *The First Year of the Occupation*, p. 195.

德国的覆辙：

“我们以前做到过，我们也能再次做到！不要让这句俗语的意思变成‘我们在上次战争中被愚弄过，德国人还能够再愚弄我们一次’。把他们的计划扼杀在萌芽状态！不要给戈培尔的党羽留下对你们下手的机会！请勿亲善！”

大多数短讯都是批判、指责，甚至赤裸裸地咒骂德国人的“集体罪责”。例如：“德国人必须领教战争的代价”，“宣传是德国人最爱的武器”，“曾几何时，猎狗也能伪装成家猫”，“在心灵、肉体和精神上，每一个德国人都是希特勒”，“告诉他们，全世界公认他们每个人都有罪，每个德国人全都是纳粹匪帮一员”，“永远不要相信德国人，他们被灌输为祖国牺牲一切。远离德国人，请勿亲善！”以及“不要让德国人的思想误导你：‘好吧，他们也是人类。’他们都是杀人犯，他们都是食人族。”

后期，随着美军和德国女人的亲善活动愈演愈烈，德国女人也逐渐成了广播反亲善宣传的重要打击对象。年轻德国女人的美貌是“桃色陷阱”：

“漂亮的德国妞可能暗中颠覆盟国的胜利。千万不要落入她们的肉体陷阱。避开所有德国平民，请勿亲善！”

“漂亮的德国妞的嗓音就是你的死亡进行曲。别妄想扮演她的白马王子……她会从你的脖子上割断你的头发。”

即使表面人畜无害的德国家庭妇女，也被指责为纳粹罪行的受益者：

“令人奇怪的是：她们可能正穿着受害者的鞋子散步，这些鞋子刚从死亡营运来。”①

（三）电影和短剧

1942 年 12 月美国参战后，美国政府与好莱坞合作，拍摄了许多纪录片和教学片，供美军使用。在反亲善教育中，美军综合利用了既有的影像和专门拍摄的素材。

美国官方发动的反对德国的宣传，主要由军事情报局（Office of War Information，简称 OWI）主持。好莱坞电影人弗兰克·卡帕（Frank Capra，1897 – 1991）主导了战时美国宣传影片的拍摄。他的主要成果是系列纪录片《我们为何而战》（*Why We Fight*）。这些影片最初供美军教学使用，后来公开放映。接着，卡帕团队又拍摄了《战争序曲》（*Prelude to war*）七部曲系列电影。

《战争序曲》等影片的主题大致相同——美国领导的“自由世界”对抗轴心国统治的“奴隶世界”。影片通常对德国人民和纳粹领导人不加区分，这种做法无疑符合反亲善宣传的宗旨。《战争序曲》指出，纳粹主义的根源潜伏在德国的文化和历史传统中。影片《纳粹来袭》（*The Nazis Strike*）把德意志人主宰世界的野心追溯到 19 世纪。影片旁白指出：“标志和领导人变了，但是德国人把自己的意志强加给其他国家的狂热代代相传。”②

亲善禁令出台之后，美军专门摄制了《你在德国的任务》（*Your Job in Germany*）等影片。盟军各部队需要集中观看这些电影，接受

① Petra Goedde, *GIs and Germans: Culture, Gender, and Foreign Relations, 1945 – 1949*, p. 72.

② Petra Goedde, *GIs and Germans: Culture, Gender, and Foreign Relations, 1945 – 1949*, pp. 73 – 74.

反亲善教育。①

《你在德国的任务》的姐妹篇《服从:德国》的高潮是“无形的手”桥段:

“这只手,向阿道夫·希特勒敬礼。这只手向无助的鹿特丹、布鲁塞尔以及贝尔格莱德投下炸弹。这只手摧毁了苏联的城市、村庄和家庭。这只手抽打着波兰、南斯拉夫、法国和挪威奴隶。这只手夺走了食物。这只手让人们陷入饥饿。这只手谋杀或屠杀了希腊人、捷克人和犹太人。这只手杀死和致残了美国士兵、水手和陆战队员。不要接纳这只手。这只手不同于我们熟悉的友谊之手。”

淋漓尽致地演绎反亲善原则之后,影片尾声进一步拔高了美军的神圣职责:

“我们下定决心,德国人邪恶的战争循环——假和平、战争、假和平、战争、假和平——应该就此被彻底终结。这就是你在德国的使命。”②

除了电影以外,1945 年 4 月初,美军还在巴黎举行了反亲善专题宣传活动。活动中除了组织美军集体旁听讲座和观摩影片以外,还专门排演了反亲善短剧。

短剧以美军某部驻地为舞台,主角是美军士兵霍普。起初,霍普不听从年长战友的劝告,私自与德国人克鲁普一家过从甚密。后来,霍普获悉噩耗,自己的兄弟乔伊驾驶的战机在德国坠毁。乔

---

① *The First Year of the Occupation*, p. 195.

② Johannes Kleinschmidt, “*Do Not Fraternize*” *Die Schwierigen Anfänge deutsch-amerikanischer Freundschaft*, *1944 - 1949*, pp. 70 - 71.

伊跳伞逃生,却被德国村民抓走拷打至死。霍普意外发现,坠机地点就在自己驻防的村庄,带头打死乔伊的就是克鲁普夫人。最后,霍普抑制住仇恨,没有报复克鲁普一家,而是下定决心抵制亲善活动。

综上所述,反亲善宣传和教育措施的手段花样百出,内容万变不离其宗。

从形式上看,反亲善宣传几乎调动了当时可利用的各种媒体:普及性的《德国口袋指南》、期刊《别在德国搞砸了!》、幽默辛辣的卡通漫画、简短密集的广播短讯以及生动而富有号召力的电影等。

随着亲善活动愈演愈烈,反亲善宣传的规模与日俱增。记者爱德华·J·哈特(Edward J. Hart)曾在报道中指出:"反亲善宣传已经火力全开,在主要街道上,每隔六七棵树,就张贴着'请勿亲善'的标语。"[①]由此看来,古德弗兰德提出的构想:"反亲善不能只说一遍,应该以各种方式多次强调。"——基本得以实现。

从内容上看,反亲善教育不但延续了德国集体罪责作为主旋律,而且把这种历史意识推向极端——通过操纵历史叙述,突出全体德国人罪责的普遍性、纳粹地下抵抗的威胁和美国治愈德国的使命,从而灌输仇视德国和抵制亲善的思想。当然,反亲善教育渲染的许多"神话",显然严重歪曲了德国的历史和现状。

1944年11月4日,英国军官理查德·S·格罗斯曼(Richard H. S Grossman)在随军进入德国以后惊呼:"即使在纳粹德国,奶牛也有四条腿,草地也是绿的,扎马尾辫的孩子在坦克周围玩耍。经

---

① Edward J. Hart, "The Order is Broken Every Hour", *Sunday Express*, May. 5, 1945.

过多年宣传的自我灌输，重新发现这些琐事令我震惊……滞留在这里的人们希望活下来。”①——这份证词侧面印证了反亲善宣传对德国的肆意抹黑已经近乎荒诞。

那么，反亲善宣传和教育意图灌输的“恐德症”是否深入人心呢？

第三节 盟军士兵眼中的德国形象

反亲善教育极力渲染德国人的穷凶极恶，可是宣传的实际效果并不尽如人意。例如，《兄弟连》的第16章《开始认识德国》就开门见山地指出，美军官兵对于敌国群众的态度发生了令人始料未及的变化：

“E连的弟兄们对德国人的认识，取决于他们各自的先入之见和经历。一些人找到了加深对其仇恨的理由，另一些人则喜爱这个国家和人民。但是最终几乎每个人都改变了原先的看法，对德国人产生了浓厚的兴趣。……普通的美国大兵发现自己最喜欢、最愿意与之相处的、与自己最相像的竟然是——德国人。”②

无论是浓厚的兴趣，还是喜好和相似性，无疑都与亲善禁令力图树立的仇德立场相去甚远。为什么盟军会对德国人产生好感？他们是对集体罪责思想有异议？还是有其他因素影响了他们对德

① Johannes Kleinschmidt, “*Do Not Fraternize*” *Die Schwierigen Anfänge deutsch-amerikanischer Freundschaft*, *1944 - 1949*, p. 83.

② 斯蒂芬·E·安布罗斯：《兄弟连》，第292 - 293页。

国的看法？本节将通过梳理盟军士兵对德国的基本认识验证上述假设，同时阐明这些观感对反亲善政策的影响。

一、“德国人都有罪”——解放集中营和罪责观念的强化

1945年4月，美军内部民意测验的结果显示：大多数士兵或多或少认同德国集体罪责意识。

就罪责问题而言：受访者中71%的人相信，绝大多数或者全部德国人都应该承担战争责任；55%的人相信，德国永远无法成为一个负责任的正常国家。46%的人认为，几乎所有或至少大多数德国人无法接受民主。

在对待德国的态度方面：受访者中41%的人表示憎恨德国军队，20%的人憎恨德国平民；40%的人对德国军人持不同程度的消极看法，56%的人对德国平民持不同程度的负面观感；只有约12%的人认为，德国士兵和平民“和我们相似”。

具体到亲善禁令，大多数美军士兵表示愿意遵守反亲善政策：只有14%表示自己曾因为亲善活动受到过惩罚，45%表示会坚持反亲善政策直到战事结束。①

进军德国初期的战地报道也表明，当时盟军对德国人的态度以反感为主。1944年10月8日，纽约《时代》杂志刊登了记者德鲁·米德尔顿（Drew Middleton）的战地报道，指出：“两年的战争促

① Johannes Kleinschmidt, “*Do Not Fraternize*” *Die Schwierigen Anfänge deutsch-amerikanischer Freundschaft, 1944－1949*, p. 84.

使前线部队对德国人产生了强烈憎恨”；美军士兵对德国平民“态度混合着轻蔑与漠不关心，许多一线部队满腔怒火”；士兵们基本遵守反亲善政策，只有个别人把口香糖发给德国孩子。①

除了战争点燃的仇德情绪，反亲善教育也取得了一定的成效。1945 年 3 月 24 日，美军第 100 步兵师列兵弗兰克·古尔利（Frank Gurley）在家书中写道：

“（德国）平民眼中清晰可辨傲慢、嘲讽的神色，他们确实没有被彻底打败。只要几年时间，征服的雪球就会重新形成。每个村庄都建有纪念第一次世界大战的雕像，每户人家都藏满了希特勒的书。真正的德国军队是全体德国民众。”②

反亲善教育中强调的元素，例如希特勒的书（纳粹思想）、第一次世界大战的纪念物（尚武传统）和德国人的眼神（民族性格）等，都潜移默化地渗入了他对德国的观察。

1945 年春，美军在德国相继发现多座纳粹集中营。解放集中营的经历是促使许多盟军官兵真正认同德国人应该为纳粹的倒行逆施承担罪责的关键因素。

集中营不是战时盟国宣传的重点。当时盟国对纳粹屠杀犹太人的揭露，主要是针对华沙、卢布林和利迪泽等屠城事件。《指南》和其他早期反亲善教育文本几乎都没有提及集中营的存在。因此，盟军对集中营的残酷性普遍估计不足。③

---

① Petra Goedde, *GIs and Germans: Culture, Gender, and Foreign Relations, 1945 –1949*, p. 42.

② Johannes Kleinschmidt, “*Do Not Fraternize*” *Die Schwierigen Anfänge deutsch-amerikanischer Freundschaft, 1944 –1949*, pp. 83 –84.

③ Petra Goedde, *GIs and Germans: Culture, Gender, and Foreign Relations*, 1945 –1949, p. 54.

1945年4月4日,美军第4装甲师在德国哥达附近发现了奥尔德鲁夫集中营。此后,盟军先后解放了布痕瓦尔德、达豪和毛特豪森集中营。集中营的惨状大同小异:尸体残缺不全,堆积如山;幸存者骨瘦如柴,衣不蔽体;恶臭扑鼻,经久不散。地狱般的景象远远超出美国人的想象,目睹者的心智无一不受到重创:

"那个时候我和战士们已经被历练成了老兵,但当我们来到集中营时所看到的景象难以用文字形容。这种恐怖的记忆至今仍然印在每位目击者的脑海中挥之不去。你无法解释它、描绘它,甚至无法夸大它。"①

4月12日,艾森豪威尔、布拉德利和巴顿等将领视察了奥尔德鲁夫集中营。艾森豪威尔盛怒之下表示:"我希望不在前线作战的每支美军部队都来看看这个地方。我听说美国士兵不知为何而战,现在他们至少知道是对谁作战。"②

有组织的参观集中营,促使原本对反亲善宣传将信将疑的人普遍改弦更张。一个奥地利裔美国士兵表示:

"我必须说,我的战友们大多数生于美国,他们对抗击德国人没有特别感觉。他们认为在纸面上读到的或者我告诉他们的任何故事,都不是真实的,至少有所夸张。他们不理解,这一切都是为了什么?直到我们走进诺德豪森。"③

当占领集中营时,美军解救了大量战俘、囚犯和外籍劳工。与

---

① 迪克·温特斯:《亲历兄弟连——温特斯少校回忆录》,李霄垅等译,南京:译林出版社,2007年,第204页。

② Dwight D. *Eisenhower*, *Crusade in Europe*, London: Heineman, 1948, p.904.

③ Petra Goedde, *GIs and Germans*: *Culture*, *Gender*, *and Foreign Relations*, *1945–1949*, p.55.

集中营幸存者的接触，同样显著加强了美军对德国人的仇视。一名美军士兵在家书中写道：

"数千奴隶劳工被解放后，沿着道路前进，他们大部分是波兰人、苏联人和法国人。……纳粹对他们惨无人道。一位年轻的苏联军官向我展示了他的伤口，纳粹在我们到来前两天打伤了他。"①

101 师的温特斯少校也指出，正是与幸存者的接触使他重新深思战争的意义。

"当我之前在经历这场战争时很自然地扪心自问过：我为什么在这儿？……铁丝网后面人们的景象让我告诉自己：现在我知道我为什么在这儿了！我第一次明白了战争的目的所在。"②

集中营和奴隶劳工淋漓尽致地展现了纳粹政权罪行的恐怖。有些美军被激怒：达豪集中营的守卫遭到美军射杀；更多目击者质疑，附近的德国居民怎么可能对家门口发生的惨剧充耳不闻。在奥尔德鲁夫和兰茨贝格，美军逼迫德国当地居民清扫营地——尽管这些极端举动与亲善禁令的部分条文相抵触，可是怀疑和敌视德国人的情绪，无疑正是反亲善教育求之不得的效果。一位美国军官表示：

"当美军看到科隆、美因茨、法兰克福和达姆施塔特被摧毁时，他们对德国感到惋惜。当军队经过诺德豪森、奥尔德鲁夫集中营或者魏玛附近的布痕瓦尔德集中营时，反亲善政策就会变得更容

---

① Johannes Kleinschmidt, "*Do Not Fraternize*" *Die Schwierigen Anfänge deutsch-amerikanischer Freundschaft*, *1944 – 1949*, pp. 85 – 86.

② 斯蒂芬·E·安布罗斯：《兄弟连》，第 312 页；迪克·温特斯：《亲历兄弟连——温特斯少校回忆录》，第 204 页。

易执行。”①

在某些案例中，目击集中营及其幸存者甚至直接触发了人们对德国集体罪责意识的强烈认同感。例如空降兵韦伯斯特就回忆说：

“这就是德国，这就是他们所干的一切……德国人把这些人从他们的家乡抓来，强迫他们在第三帝国的某个工厂里劳动一辈子。这里还有婴儿和老年妇女，有很多无辜的人被强制住在带刺铁丝网围着的简陋的收容所里，每天像奴隶一般为铁石心肠的雇主干12个小时的活，吃的只有甜菜汤、发霉的土豆和黑面包。这就是第三帝国。对这些人来说，所谓的新秩序就是：干到死为止。这些德国人根本不顾别人的死活，一心只想着德国自身的利益，把整个欧洲大众变成自己的奴隶……德国人都有罪，没有一个是清白的。”②

二、“你就待在里面吧”——老弱妇孺和德国形象的“女性化”

集中营的惨状，引发了美国人对德国人罪行的普遍声讨，不过有些官兵指出，他们无法把对“全体德国人”的满腔义愤，真正地转移到“所有德国人”身上：

“当美国人接触过德国有预谋暴行的受害者，或者听说他们的战友在睡梦中被看似无害的煤砖引起的火炉爆炸害死以后，几乎没人不憎恨德国人。但美国人很难相信所有德国人全都恶贯满

---

① Johannes Kleinschmidt, “*Do Not Fraternize*” *Die Schwierigen Anfänge deutsch-amerikanischer Freundschaft*, *1944 – 1949*, pp. 86 – 87.

② 斯蒂芬·E·安布罗斯：《兄弟连》，第303—304页。

盈，他们无法仇恨在雪中玩耍的德国孩子、出售煤球的德国老妇或渴望邂逅慷慨征服者的德国女人。”①

在这些美国人看来，儿童、老人和妇女是有罪的德国社会中的少数无辜者。这种看法不是空穴来风，而是战后德国特殊社会环境与反亲善教育的漏洞叠加的产物。

1944—1945 年，当盟军踏入德国境内时，他们目睹的德国社会正处于空前的性别失衡状态下——健康的壮年男子寥寥无几，妇女、儿童和老人比比皆是。

从宏观的人口统计数据看，第二次世界大战吞噬了数以百万计的德国男性。战前，德国总人口不足 7000 万。战时德国累计动员了至少 1500 万人参军入伍。可想而知，服役者大多数是成年男子。战争最后阶段，困兽犹斗的纳粹当局调集了 16 - 60 岁间的几乎全部德国男人投入战场。结果导致前所未有的重大人员损失：整个二战期间，德军阵亡的人数达到 310 - 500 万；伤残人数更多：仅战后联邦德国就收容了 200 万因战争而残疾的人；生还者中超过 200 万人被苏联俘虏。

男性人口的剧烈损耗，致使战争结束后德国本土的男女性别比例彻底失衡。1939 年，德国男性占总人口的比例约为 48.8%；1946 年，该比例一度下滑到 44%；战前，德国的女性人数比男性多 146 万。战后，两性人口的差值扩大到 727 万。1946 年，德国的男女总数之比是 100∶124；20—45 岁年龄段男女比例为 100∶148；20—

① Johannes Kleinschmidt, “*Do Not Fraternize*” *Die Schwierigen Anfänge deutsch-amerikanischer Freundschaft*, *1944 - 1949*, pp. 87.

29 岁年龄段的男女比例达到 100∶171。[①] 另据统计，1946 年，美国占领区的 20 – 40 岁年龄段男性与女性人口之比也达到 100∶160。[②]

女多男少、成年男子奇缺的畸形人口结构，令占领军形成了鲜明的主观印象：德国社会充满老弱妇孺。用欧美学者的话说，当时的德国社会高度“女性化”。

反亲善政策的决策者显然没有预料到战后德国社会出现“女性化”的局面。老弱妇孺多如过江之鲫的景象，和反亲善教育竭力灌输的德国形象大相径庭——早期反亲善教育笔下的“德国”具有鲜明的雄性特征，其建构的“德国人”形象也是以壮年男性为主。

例如，《指南》提及的德国历史人物是希特勒、威廉二世和俾斯麦，他们无一例外都是男性，而且具有尚武和集权等强烈的雄性特征；第二章《警惕》提醒士兵提防潜伏的党卫军和德国的青少年。前者显然是全副武装的男性形象；至于后者，《指南》也暗示了其青年男性的身份：

“他（德国青少年）学会了牺牲一切，牺牲他自己、牺牲他的家庭，甚至牺牲他的妻子，来为希特勒和纳粹党服务。”[③]

---

① 德国人口损失数据，参见迈克尔·鲍尔弗、约翰·梅尔：《四国对德国和奥地利的管制 1945—1946 年》，第 12—13 页；John Robert Stark，“The overlooked majority：German women in the four zones of occupied Germany，1945 – 1949”，The Degree Doctor of Philosophy in the Graduate School of the Ohio State University，The Ohio State University 2003：1.

② “Zunahme der weiblichen Bevölkerung：Stand，29，10，1946”，*Länderrat des amerikanischen Besatzungsgebiet*，*Memorandum über die sozale Lage in der US – Zone*，*Handakten Preller*，Bundersarchiv Koblenz，in Petra Goedde，*GIs and Germans*：*Culture*，*Gender*，*and Foreign Relations*，*1945 – 1949*，p. 44.

③ *Pocket Guide to Germany*，p. 9.

又如，在系列电影《战争序曲》中，代表纳粹德国视觉形象主要是列队行军、身着制服、荷枪实弹的壮年男性。在《服从：德国》中，“无形之手”纵然无形，但这只手的举动：进军、鞭打、轰炸和掠夺，无疑都具有浓郁的阳刚气息。

在杀气腾腾的壮年男性形象的遮蔽下，老弱妇孺在第三帝国时期扮演的角色，尤其是他们应该承担怎样的罪责，在反亲善宣传教育中显得模糊不清。

例如，《指南》在《回顾历史》一节巨细靡遗地介绍了无孔不入的各种纳粹组织：主要的党卫队、武装党卫队、冲锋队、希特勒青年团、德意志劳工阵线（DAF）、德意志农民组织、纳粹福利组织（NSV），甚至提及了“力量来自欢乐计划”——唯独没有只言片语谈及纳粹的妇女组织。

《指南》也没有如同后期的反亲善宣传那样，竭力抨击德国女人诱惑盟军是“阴谋诡计”，只是隐晦地通过婚姻禁令劝导美军远离德国女人：

“现在你正处在外国领土上，你应该了解迎娶外国女子需要通过复杂的程序。在陷入罗曼史前，请牢记外国女子不能通过与美国人结婚自动成为美国公民。”①

这种做法实际上把德国女人变得和法国、荷兰、比利时妇女毫无区别。

其实，就历史事实而言，德国妇女难以完全摆脱纳粹帮凶的指控。纳粹当局出台了以母亲和妻子为中心的妇女政策，建立“民族社会主义妇女联盟”服务于德国妇女的纳粹化。德国女性在政治

① *Pocket Guide to Germany*, p.7.

领域的实际影响甚微，但是她们作为纳粹的服从者，在纳粹统治下充当了政党工具、服务工具、生育工具和劳动工具。①

无独有偶，各种反亲善宣传文本也普遍忽略儿童。《指南》提醒美军："提高你的戒备，尤其小心 14 到 28 岁之间的德国年轻人。"因为德国青少年在成长的关键时期遭到洗脑，所以他们成了纳粹的狂热追随者。不过，手册对 14 岁以下的孩子则只字未提。②

在实践中，老弱妇孺成了反亲善政策执行中的疑难问题：有些美国人想当然地认为，妇女、儿童和老人作为弱势群体，无需承担罪责；更普遍的情况或许是：当美军遭遇老弱妇孺时，他们不是从集体罪责角度考虑问题，而是依据人之常情表露出恻隐之心。例如，一名长期从事驱赶德国屋主工作的美军中士就回忆道：

"卡森挨家挨户敲开门用德语叫他们（德国居民）在 5 分钟内离开。德国人哭着、哀嚎着惊慌失措地往外拥。'我又敲了一扇门，'卡森回忆，'一个老年妇女打开门。我看着她，她也盯着我。天呐，她太像我的祖母了！对视了一会儿后，我用德语说，你就待在里面吧。'"③

追根溯源，反亲善教育对德国妇女、儿童和老人的忽略，本质上是亲善禁令所依据的集体罪责观念始终无心正视德国社会复杂性的结果。盟军对于德国老弱妇孺的心慈手软，表面上没有挑战"集体罪责"，实际上严重地侵蚀了反亲善的思想根基——"认同意识"——德国社会不再被看作一个"整体"，而是被细分成罪责不等

① 马瑞映：《德国纳粹时期的妇女政策与妇女》，《世界历史》2003 年第 4 期，第 58—66 页。

② *Pocket Guide to Germany*, p. 17.

③ 斯蒂芬·E·安布罗斯：《兄弟连》，第 309 页。

的若干群体。后来的事态证明，德国妇女和儿童是亲善活动的重灾区。

三、“他们跟我们太像了!”——日常生活视角下的文化亲近感

德国战败以后，随着占领的长期化，美军士兵普遍对德国民众产生亲近感。这些好感的来源往往是琐碎的日常生活片段。

《兄弟连》就记述了美国空降兵对敌国百姓的高度评价：

“（他们喜欢德国人的）整洁、勤奋、守纪律、有教养、中产阶级的品味和生活方式。许多美国兵发现，就他们所知，除了美国人外，德国人是世界上唯一将抽水马桶和柔软的白色卫生纸看成是不可或缺的必需品的民族。提到德国人，许多美国兵都说：‘他们跟我们太像了!’”①

“他们跟我们太像了!”不只是一家之言，而是许多美军在形容德国人时的共识。1947年，在美军回顾亲善问题时也总结说：

“德国人民的许多习惯和标准在美国人中十分普遍。于是美国人发现，相比自己在行伍生涯中曾到访过的其他欧洲国家，他们在德国感觉更加自如。”②

一名英国官员也指出：“显然，当美国人进入德国时，他们被德国人吸引了。这里没有身材矮小、皮肤黝黑、喋喋不休、举止可疑的乡民，不缺少卫生设备，食物不会陌生而令人作呕。这里只有让

---

① 斯蒂芬·E·安布罗斯：《兄弟连》，第292—293页。

② Petra Goedde, *GIs and Germans: Culture, Gender, and Foreign Relations, 1945–1949*, p. 68.

人眼前一亮的金发碧眼的人们，就像威斯康星的美国人。这些人从早到晚勤奋工作，态度毕恭毕敬。”①

战地记者朱利安·巴赫（Julian Bach）直白地描述道：

“许多美国军人认为，自从他们离开美国以后，他们在德国相比在其他国家‘更有在家的感觉’。”②

美国人之所以能在德国感受到“在家的感觉”，主要受到两方面因素的影响。

首先是因为美德两国在文化上高度同源，十分相似。上文已经述及，德国是美国除英伦三岛以外第二大欧洲移民来源地。当时，不少德国裔美国人在占领军任职。他们在德国感受到的亲近感格外强烈。例如沃尔特·克劳斯（Walter C. Krause）中士在回忆自己占领马尔堡期间的经历时就指出：

“我说德语，德国人的生活方式与我的家庭十分相似。我是美国人，但德国文化实际上几乎和我在家乡的所见所闻如出一辙。”③

非德裔的甚至是反德情绪强烈的美国军人也总能从德国人的日常举止中，发现美国价值观所崇尚的闪光点。例如，101 师 E 连的福利中尉反德情绪强烈，但是他在游览德国科隆时，也不得不对德国人“不可思议”的勤劳深表钦佩：

“德国的居民自觉自愿地下决心清理和扫除战争废墟。大多数街道上整齐地堆着尚可再用来铺路的鹅卵石。房屋的残垣断壁

---

① Johannes Kleinschmidt, *“Do Not Fraternize” Die Schwierigen Anfänge deutsch-amerikanischer Freundschaft*, *1944－1949*, p. 91.

② Julian Bach, *America's Germany*, p. 265.

③ Petra Goedde, *GIs and Germans: Culture, Gender, and Foreign Relations, 1945－1949*, p. 68.

已经得到清理，虽然房子的外形依旧残破，但已显出即将重建的模样。真是不可思议。”①

除了美德两国固有的文化纽带，美国军人对比自己游历欧洲诸国的不同感受，也是促使他们对德国人产生好感的重要因素。

1945 年 8 月，一份关于军队士气的报告指出：“即使是深思熟虑的士兵也会在和法国人比较以后，更偏爱德国人。”9 月，另一次民意测验的结果也显示：美国军队最喜爱英国，其次德国，最厌恶法国。②

当时美军中盛行着各种讥讽法国人的段子，在这些笑话中德国人总是扮演了更受欢迎的角色。例如：

“那些法国青蛙能够把你的内裤都骗走。他们卖给你的所有东西都是实际价值的四到五倍。德国人不会这样，有一半可能，他们会免费把东西给你。他们不像法国人那样缺钱。”法军的繁文缛节和散漫作风也常遭到美国人调侃：“（法国人）工作不够勤劳，他们把自己的时间花在接受检阅和顾影自怜上，他们和德国人蚂蚁般的勤劳总能形成鲜明对比。”③

记者巴赫甚至认为，美军之所以对德国人产生好感，完全是因为他们是取道法国进入德国的。他表示：

---

① 斯蒂芬·E·安布罗斯：《兄弟连》，第 305—306 页。

② Johannes Kleinschmidt, “*Do Not Fraternize*” *Die Schwierigen Anfänge deutsch-amerikanischer Freundschaft* 1944 – 1949, p. 90.

③ Petra Goedde, *GIs and Germans*: *Culture*, *Gender*, *and Foreign Relations*, 1945 – 1949, pp. 68 – 69; 美国军队中对英国人和法国人的不良印象，亦可参见 Daniel Glaser, “The Sentiments of American Soldiers Abroad Toward Europeans”, *The American Journal of Sociology*, Vol. 51, No. 5, *Human Behavior in Military Society* (Mar., 1946), p. 436.

“大多数美国人的确‘对德国佬有好感’。美国人喜欢德国人，胜于他们之前遇到过的其他许多欧洲民族……这些不幸者主要是法国人。美国士兵在德国的举动可以这样总结：他喜欢德国是因为讨厌法国。”①

值得注意的是，“他们跟我们太像了！”这样一些对德国人的溢美之词，本质上与德国集体罪责观念没有矛盾。二者根本不是两个不同层面上的问题：前者是德国人日常生活中的良好品行，后者是整个德意志民族在政治上犯下的滔天大罪——德国人的勤劳质朴，显然不代表他们可以免受发动战争、实施暴行的谴责。

然而，实际上当美国军人开始赞赏德国方便的抽水马桶和柔滑的卫生纸时，反亲善教育所强调的德国人热衷侵略扩张和阴谋诡计的历史意识，通常就会遭到边缘化或者遗忘。空降兵韦伯斯特的思想恰恰印证了这种微妙的变化：

“不是所有美国士兵都被德国所诱惑，韦伯斯特就是其中之一。他怀着复杂的心态进入德国：他不喜欢德国人，他认为所有德国人都是纳粹……德国是一只失去战斗力的老虎，舔着伤口，但这只是暂时的休整，它胸中燃烧着仇恨的火焰，时刻准备着卷土重来。而且他也确实做得到。

“但即便是韦伯斯特也不由得被德国所吸引。4 月 14 日，他在给父母的信中写道：‘迄今为止我对德国人的印象是整洁，办事高效，遵纪守法。’他们是经常上教堂做礼拜的信徒。‘在德国，每个人都出门劳动，把士兵在野地里挖的战壕填平，不像法国人连一根

① Johannes Kleinschmidt, “*Do Not Fraternize*” *Die Schwierigen Anfänge deutsch-amerikanischer Freundschaft*, *1944 – 1949*, p. 92.

手指都懒得动一动。比起英国人和法国人，德国人更干净、更进步、更有进取心。'"①

显然，日常生活视角下催生的文化亲近感，也没有正面挑战集体罪责观念，但它却在认同意识上弥合了美国与德国尖锐对立，从而潜移默化地消解了反亲善的核心观点——既然德国人和美国人如此相似，那么何必教训他们呢？

综上所述，美军在德国的所见所闻对集体罪责意识造成了两个层次的影响。

一方面，亲眼目睹集中营的暴行，促使许多美国人确信德国应当担负"罪责"。例如，温特斯少校写道：

"我有没有为此产生负罪感？我的良知有没有因为攫取这座美丽的房子而困扰我？没有！……就在几天前，我还在离这儿不到一百英里的地方看见一个集中营。这些人就是所有苦难的根源，我不同情他们的困难。"②

另一方面，罪责的"集体性"却在老弱妇孺和文化亲近感的触动下悄然消解。

当时一位美国士官在接受采访时曾指出："德国人更像我们自己，超过我在这里（欧洲）遇到过的任何人。我无法对这些老人和妇女、儿童态度强硬。"

两种印象相互叠加，使美国人对德国人的态度变得颇为复杂、暧昧：

1945 年 8—9 月，占领军内部的调查显示：调查对象中 10% 的

① 斯蒂芬·E·安布罗斯：《兄弟连》，第 294—295 页。

② 迪克·温特斯：《亲历兄弟连——温特斯少校回忆录》，第 208—209 页。

人认为，自己对德国平民的憎恨有所增强；58% 的人相信，德国民众正在接受大规模的民主教育；26% 的人认为，可以信任德国人。大多数受访者表示，自己对德国人的态度仍以强硬为主。人们对德国人的负面印象主要是傲慢和狡诈，有些人甚至表示憎恶德国的一切，德国人得到的好评通常是整洁和勤奋。大约有半数人认为，自从来到德国以后，自己对德国的看法没有变化；另一半人相信，他们对德国人的评价已经有所改善。①

显然，德国的罪责本身并没有遭到否定；恰恰是某些无关历史和政治的印象，扰乱了占领者对罪责集体性的认知。美国人发现：德国社会不是铁板一块，美国与德国之间的鸿沟绝非无法逾越。盟军对德国心生好感，无疑预示着反亲善教育徒劳无功——占领者在思想上已经为亲善活动敞开了方便之门。

第四节　“65 美元问题”
——违令亲善活动的泛滥成灾

1945 年 5 月，记者爱德华 · J · 哈特（Edward J. Hart）在伦敦《星期日电讯报》上撰文《命令每小时都在被违反》（*The Order is Broken Every Hour*）指出：

“在德国禁止亲善的命令，就像当年美国的禁酒令一样，人们违反它的热情，远远超过遵守它。……毋庸置疑，它（反亲善政策）

---

① Johannes Kleinschmidt, “*Do Not Fraternize*” *Die Schwierigen Anfänge deutsch-amerikanischer Freundschaft*, *1944 – 1949*, p. 89.

的初衷确实是一种可敬的理念，可是这项政策在占领军中只会引人暗中发笑，尽管盟军统帅部确实下达了一大堆命令力图禁止亲善，而且不轨行为一旦被发现，就会被处以65美元罚款。"①

这篇文章揭露了盟国军政当局的难言之隐——盟军违背反亲善政策与德国平民亲密接触的活动（下文简称为亲善活动）已成燎原之势。美国《生活》杂志则用戏谑的笔调，把日益失控的亲善活动称为"65美元问题"。②

本节将首先回顾违令亲善活动的基本概况，其次介绍亲善活动的主要类型，最后着重分析最典型和最普遍的亲善活动——盟军士兵和德国女人的亲密关系。在此基础上，本节意图回答下列问题：占领军士兵为什么敢于无视反亲善政策？他们为什么热衷于结交德国人？军方为什么无法控制亲善活动的泛滥成灾？

一、亲善活动的总体规模和发展趋势

盟军的亲善活动究竟普遍到何种程度？盟军官方对这个问题缺乏准确统计。反亲善政策被取消以后，占领军政府曾经做出大致推测：

"只能根据零星的证据，估计军中违背亲善政策的情况。性病发病率的不断上升和军事法庭对亲善活动的审判表明，欧洲战事

① Edward J. Hart, "The Order is Broken Every Hour", *Sunday Express*, May. 3, 1945.

② Percy Knauth, "Fraternization—The word takes on a brand-new meaning in Germany", *Life*, 1945.7.2, p.26.

停止以后,违反反亲善政策的行为每周都在增长。"①

1944年9月,盟军挺进德国之初,亲善活动已经初现端倪,后来日益普遍。英国人和美国人都卷入了亲善活动,英军遵守禁令的情况相对较好,美军的亲善问题更加严重。盟军士兵"亲善"的对象林林总总,主要是老弱妇孺,其中以美国大兵和德国女人的亲善活动最为常见。

军政府的报告认为:1945年5月7日,欧洲战事终止是亲善活动的转折点。在德国投降以前,亲善活动的总体规模较小。当时只有零星证据显示,个别盟军士兵曾经和德国女人私下交往,另一些违纪者私自闯入德国人的住宅。②

1945年4月,美军对1505名士兵展开调查。调查结论部分印证了上述判断。受访者中18%的人认为,绝大多数美军士兵都和德国"女孩"关系密切,这种"关系"主要是"聊天、说笑或者调情"。11%的人认为,约有半数士兵卷入这些接触。不过,68%的人坚持认为,只有少数人或几乎没有人参与亲善活动。盟军与"年长的德国人"的交往更加罕见:只有6%的人相信,几乎全部或半数美军士兵维持着此类关系。③

军方认为,战争结束前,亲善活动相对轻微的原因包括:首先,当时大多数盟军士兵尚且信服上级的命令和教育;其次,军队出于确保安全的考虑,自发地避开德国人;此外,战争后期盟军推进的

① *The First Year of the Occupation*, p.198.

② *The First Year of the Occupation*, p.196.

③ Johannes Kleinschmidt, "*Do Not Fraternize*" *Die Schwierigen Anfänge deutsch-amerikanischer Freundschaft, 1944 – 1949*, p.80.

速度很快，士兵们没有足够的闲暇时间去和当地居民接触。①

除了盟军主观的原因外，客观而言，1944 年秋—1945 年春，西线战局错综复杂，确实不利于亲善活动大量滋生：1944 年 9 月，美军血战六周付出伤亡逾两千人的代价才攻克亚琛；随即又在许特根森林苦战三个月，死伤五万。美军攻入德国初期，只占领了亚琛周围狭小区域，随后就滞留在山区森林地带鏖战，所以他们卷入亲善活动的可能性自然不大。1945 年 2 月，德军溃退，盟军渡过莱茵河，长驱直入德国境内，最远进抵易北河，一部分深入奥地利和捷克境内。这一阶段，盟军马不停蹄，同样缺乏融入当地社区的机会。②

欧洲胜利日之后，亲善活动日益猖獗，局势逐渐失控：士兵与德国女人亲善的情况渐成燎原之势，其他多种亲善活动层出不穷。③

1945 年 8 月，美军内部民意测验显示：亲善活动在军中已经是半公开的秘密。当被问及参与亲善活动的普遍程度时：受访者中 57% 的人认为，军中几乎所有人或者大多数人和德国女人亲善；14% 的人认为，半数美军士兵参与了亲善活动；只有 27% 的人相信，只有少数美国军人曾经和德国人接触过；至少 47% 的人觉得，半数以上的美国士兵和年长的德国平民保持着友好交往。

对于坦承在最近接触过德国人的受访者，调查进一步询问了

① *The First Year of the Occupation*, p. 196.

② 1944－1945 年美军在德国的主要军事行动，参见艾森豪威尔：《艾森豪威尔战争回忆录》。亚琛战役和许特根森林之役，第 294—312 页；莱茵河战役，第 336—371 页；进军巴伐利亚、奥地利和捷克，第 372—393 页。

③ *The First Year of the Occupation*, p. 196.

其亲善的对象:驻守德国3个月以上的士兵中,51%的人承认结交过德国女人;42%的人承认接触过年长的德国人;短期驻守的士兵中33%的人承认曾结交过德国女人;24%的人承认曾接触过年长的德国人;此外,调查还显示:盟军和德国女人过从甚密的情况,比他们和德国家庭建立友谊的情况更常见。①

军方把德国投降以后亲善活动的升级,归结为多种因素共同影响的结果:首先,官方的大规模反亲善宣传攻势收效甚微,军中普遍认为战争结束后没必要继续坚持反亲善;其次,战事止息给盟军带来了漫长的闲暇时光和松弛的心态;再次,基层盟军士兵在德国逐渐产生了猎奇心理和攫取物质利益的欲望;此外,德国女人无处不在的"诱惑"也被认为是亲善活动的重要诱因。②

除了占领军对德国的主观观感悄然转变以外,在客观上,随着欧洲战事结束,盟军从战斗部队转轨为占领军。军队的任务和管理经历了一系列重大调整。士兵们日常的执勤时间和活动范围随之骤变,由此给亲善活动留下了可乘之机:

"在德国的美军士兵通常都是分散在广阔区域内小股行动。一个师可能要在数千平方英里区域内分散担任警卫、路障和保安巡逻工作。几十名官兵就能组成某镇的军政府分遣队,百余人就管制一个郡或一座城市。占领军士兵的生活通常是相当空闲的,很多时间不必执勤,他们当然可以和当地人混在一起。"③

---

① Johannes Kleinschmidt, "*Do Not Fraternize*" *Die Schwierigen Anfänge deutsch—amerikanischer Freundschaft*, *1944 – 1949*, p. 82.

② *The First Year of the Occupation*, p. 196.

③ Daniel Glaser, "The Sentiments of American Soldiers Abroad Toward Europeans", p. 437.

1945年夏季，亲善活动逐渐达到高峰，反亲善政策已经形同一纸空文。美国《生活》杂志的报道援引一名美军士兵的说法，幽默地表明了"65美元问题"的普遍程度："如果我这星期每晚都去罚款，我就能拿着一大笔钱直接退休。"①

二、主要亲善活动一览

亲善活动不仅范围广、数量多，而且它的形式也可谓包罗万象、五花八门。如果按照接触的对象分类，比较常见的亲善活动包括：盟军和德国女人亲善、盟军和德国儿童亲善、盟军和难民或劳工亲善，以及掠夺和交易"战利品"引发的亲善等。下文将逐一展开介绍。

（一）盟军和德国儿童亲善

根据军政府官方的说法，盟军亲善活动的最初对象是德国孩子：

"所有观察者都同意，违背亲善禁令的行为是从德国儿童开始的。"②

军政府的报告指出，盟军和德国儿童的彼此交好非常普遍：

"特别是在占领初期，可以看到许多德国儿童，他们的年龄在5—14岁不等，他们徘徊在几乎所有美军岗哨周围，他们乞求一颗

---

① Percy Knauth, "Fraternization—The word takes on a brand-new meaning in Germany", *Life*, 1945.7.2, p.26.

② *The First Year of the Occupation*, p.198.

糖果、一块肥皂或者'为爸爸要一根香烟',他们通常会得到同情的回应。"①

盟军和德国儿童对于彼此没有恶意,显然是促成此类亲善活动的主因。

一方面,盟军不认为14岁以下的儿童需要为纳粹的侵略和暴行承担罪责。他们在遇到德国孩子时,通常毫不顾忌亲善禁令的存在,不加隐晦地表露出善意。例如,一位德国人回忆说:

"当美国人发出的轰鸣声从外面传来时,人们马上走出了地窖、院子和房门,所有人都站在街道两旁,观看美国人。美国人坐着坦克,插着军旗,从村里穿过,他们把糖果和巧克力扔给孩子们,然后有人说:'战争现在已经结束了。'"②

美国的黑人士兵对待德国小孩最为热情,巴伐利亚的一则回忆指出:

"(黑人)最宠爱孩子们。他们送给孩子们口香糖和糖果,孩子们要什么,他们就给什么。在军医院……有个黑人守卫,为了哄孩子们高兴,他会用枪指着天,每隔几分钟就朝天打一枪。"③

另一方面,德国儿童也乐于和盟军交往。除了少不更事以外,从占领者那里获取物质好处,无疑是德国孩子接近盟军的重要动机。"为爸爸要一根烟"就是最明显的例证:由于通货膨胀失控,香烟在战后德国往往具有代币作用。另一个德国人在回忆中着重提

---

① *Relations of Occupation Forces Personnel with the Civil Population, 1946 – 1948*, p. 46.

② Johannes Kleinschmidt, "*Do Not Fraternize*" *Die Schwierigen Anfänge deutsch-amerikanischer Freundschaft, 1944 – 1949*, p. 101.

③ Petra Goedde, *GIs and Germans: Culture, Gender, and Foreign Relations, 1945 – 1949*, p. 64.

到了美国人送给他的巧克力：

“这是我人生中第一块巧克力，他是我人生中遇到的第一个外国人。我一直不熟悉这个人，但我不会忘记这个人。那块巧克力用银色的纸包裹着，非常好吃。这是我终生的记忆。我也不会忘记对美国和那个美国人的感激之情。”①

即使在盟军高层看来，盟军与德国儿童亲善也无伤大雅。1945年6月2日，艾森豪威尔曾致电华盛顿表示：“军中反复调查后发现，反亲善政策在所有场合都得到认真遵守，唯独在面对幼小儿童时（遭到违背）。”②因此，占领军在调整反亲善政策时，最早剔除的就是禁止美国人接触德国儿童的要求。

（二）盟军和难民亲善

第二次世界大战末期，大批国籍不明的人员滞留在德国。由于这些难民的身份模糊不清，他们逐渐成为亲善活动的主要对象之一。

二战中，由于希特勒的严酷政策，加上中东欧各国内部局势动荡，大量人口在东欧、东南欧和德国之间“迁徙”。1945年春，随着德国败退和苏军挺进，大批难民开始向德国西部流窜。结果，当英美盟军从西面进入德国以后，他们发现德国社会根本不是反亲善教育中所描述的高度统一的“民族共同体”，恰恰相反，当时的德国社会呈现出空前的多民族混居的局面。

---

① Johannes Kleinschmidt, *“Do Not Fraternize” Die Schwierigen Anfänge deutsch-amerikanischer Freundschaft, 1944 – 1949*, p. 101 – 102.

② Earl F. Ziemke, *The U. S. Army in the Occupation of Germany, 1944 – 1946*, p. 323.

当时滞留在德国的难民成分极为复杂：其一是自发的逃亡者，例如客居东欧的德意志人；其二是纳粹的奴隶劳工，包括战时被纳粹驱使同盟国作战的俄罗斯人、乌克兰人、挪威人、荷兰人、比利时人和法国人；纳粹当局从拉脱维亚和克罗地亚等地招募的德国辅助军和集中营看守；其三是外籍劳工，二战中，由于德国本土劳力枯竭，数百万劳工从欧洲各地被迫或自愿地前往德国务工，战争末期滞留在德国；其四是集中营囚犯，盟军攻入德国后，从集中营和监狱中解救了大量犹太人、政治犯和各国战俘——这些滞留在德国的外国公民和丧失了公民权的德国人，构成了游荡在德国社会边缘的庞大难民群体。①

从罪责的角度看，这些难民中有一部分是无辜者和受害者，例如集中营囚徒和外籍劳工；另一些人显然是纳粹罪行的帮凶，例如纳粹的追随者和集中营守卫。不过，对占领军来说，难民是否适用反亲善政策显然成了一个难题。

盟军士兵对于难民，特别是外籍劳工和集中营幸存者，通常抱持同情态度。对这些纳粹暴行的受害者实施反亲善政策，经常引起盟军官兵的质疑甚至反感。一位军官在书信中表露了他的不满：

"我们看到大约1400名命运悲惨的人——希特勒的奴隶劳工……这里充满了波兰人、苏联人、捷克人、法国人、比利时人、匈牙利人、意大利人（还有一些我无法辨认）……我提到过美国的反亲善政策吗？我们和任何德国平民的谈话都遭到禁止……禁令甚

① 托尼·朱特：《战后欧洲史》，林骧华等译，北京：新星出版社，2010年，第12—13页。

至包括那些其他国家的人。从军事角度看，这么做是有理由的……我一直尝试思考某些方法，也许可以让我使这些人成为美国善意的使者，并在我们自己人中促成更多的理解……”①

起初，盟军高层意图把难民纳入反亲善的范围，但军中对此嗤之以鼻：

“艾森豪威尔的盟军总部在这个问题上的态度很坚决，但是军营里到处都是来自各国的难民，他们被迫来到德国从事苦力，于是这项政策也就成了空谈。”②

盟军解放难民以后，经常雇佣他们为自己服务：

“在看守难民营之后，E 连的弟兄们再也没有削过一个土豆、扫过一间屋子、洗过一个野战食具、打扫过一次空地。这些事都被难民们做了，美国人支付酬金时十分大方，这也让难民们乐于为他们做事。”

更有甚者，一些盟军士兵甚至在难民中收养孩子。

“还有不少的弟兄找到了既能当侍从又能做儿子的难民。鲁兹就收养了一个瘦弱的小男孩。……尽管上级严令禁止带着难民走，但种种迹象表明带难民行进的事时有发生，难民中的一些人从不在集合的队伍里出现，他们说着蹩脚的英语，并且看起来做了大量的厨房杂务。”③

后期，盟军当局取消了与难民交往的限制，转而计划依靠难民来满足占领军雇佣劳工的需求。不过，新的问题随之滋生，许多美

---

① “Letter from a Soldier”, *Journal of Educational Sociology*, Vol. 19, No. 1, *Adult Education* (Sep., 1945), pp. 49 – 51.

② 迪克·温特斯：《亲历兄弟连——温特斯少校回忆录》，第 199—200 页。

③ 斯蒂芬·E·安布罗斯：《兄弟连》，第 302 页。

军士兵把德国人伪装成难民，从而逃避反亲善政策的限制：

"禁止与'德国人'建立友好关系的命令，被解释为适用于任何居住或永久定居在德国的人。不久以后，某些地区开始允许与难民接触。这种变化导致亲善禁令受到破坏。难民的身份难以甄别，许多德国人伪装成难民蒙混过关。"①

军政府官员沃尔特·L·多恩(Walter L. Dorn)受邀赴宴时，发现另一位军官带来了两位衣着光鲜的女性难民。多恩讥讽道：

"人们显然总是因为反亲善政策被称为难民。……当遇见漂亮的女士时，美国人就无法分辨女性纳粹分子和其他人的区别，因此把她们全部称为难民。"②

为了解决甄别外国难民的问题，美军甚至计划要求所有同盟国难民根据国籍佩戴相应臂章。可惜，这种措施还是被有心人轻易破解：他们从难民处借来臂章，给自己的德国女友戴上，从而规避官方的查验。

总之，占领军政府始终没有找到解决盟军与外国难民关系问题的万全之策。

(三)战利品引发的亲善

另一种高发的亲善活动是盟军在德国肆意劫掠和倒卖战利品。

美军在回顾时把"追求物质利益"列为亲善活动泛滥的主要原

---

① *The First Year of the Occupation*, p. 200.

② Johannes Kleinschmidt, "*Do Not Fraternize*" *Die Schwierigen Anfänge deutsch-amerikanischer Freundschaft*, *1944 – 1949*, p. 50.

因之一：

“追求物质利益是违纪的另一个主要原因。从洗晒和缝纫服务，到用照相机、玻璃器皿和其他东西进行物物交换，这些做法都广为流行。此类接触往往会逐渐演变成友好的交往。”①

亲善禁令既严禁美军掠夺德国人的私有财产，也反对盟军施舍东西给德国人。《指南》中就指出：

“尊重财产权，肆意劫掠将是不可饶恕的行为。洗劫果园、农场和未经允许就侵占食品储备的行为，会受到军事法庭的审判和惩罚。

“请牢记，被征服和被占领的国家会极度缺乏食物。肆意盘剥百姓将造成巨大灾难，最终导致你自己的工作遭到更大的阻碍。

“为被占领国民众提供食物，一直给我军的补给线造成很大压力。请不要加剧这样的困难。”②

同时，反亲善政策又规定商品交易不属于亲善活动，允许士兵通过贸易搜集一些战利品。这些看似面面俱到的措施，在实际执行中漏洞百出。

一方面，盟军，特别是美军内部，经常出现抢夺德国公私财物的现象：

约翰·金贝尔（John Gimbel）在撰写德国马尔堡的地方史时指出：美国军队一进入这座城市，就“趁乱拿走钟表、相机、收音机”，大肆“收集”战利品。③

---

① *The First Year of the Occupation*, p. 198.

② *Pocket Guide to Germany*, pp. 1 – 3.

③ John Gimbel, *A German Community under American Occupation Marburg, 1945 – 1952*, Stanford, California: Stanford University Press, 1961, pp. 69 – 70.

反亲善政策的规定,反而助长了占领军“收集”战利品的势焰。例如,美军经常援引反亲善条款中美军不得与德国人同居一室的条款,把屋主逐出家园,然后从容地把任何想要的东西据为己有。

《兄弟连》中毫不避讳地描写了斯皮尔斯中尉“不知疲倦”的“收集”热情:

“斯皮尔斯不知到哪去了,两三个小时后才现身。我从没见过像他这么差劲的抢劫犯。一想到周围有项链啊什么的,他就一晚上睡不着。一有机会,他就把抢到的东西寄给在英国的妻子。”①

接着,书中振振有词地为美军普遍参与抢劫活动辩护:

“像其他欧洲战区的弟兄们一样,几乎所有的E连弟兄都参与了抢劫。这是一种战争现象。许多人在这之前从未拿过任何不属于自己的贵重物品,但是现在只要想要,就可以拿走,这似乎已经成了理所当然的事情了。抢劫既有利可图又有趣,而且没什么风险,亚历山大大帝以来的征服者都这么干,毫无例外。”②

让美军趋之若鹜的战利品主要是纪念品和奢侈品,例如鲁格手枪、各种纳粹徽章、手表、珠宝、精装版《我的奋斗》和上等葡萄酒等;货币反而毫无吸引力:有两名美军空降兵曾洗劫了一队德国俘虏,抢走了满满一保险箱德国马克。二人痛饮一番后索性跑到教堂,把赃款分给了做弥撒的德国人;汽车也是抢劫的目标:二等兵奈特塞克回忆说,他们什么车都偷过,甚至劫持过救护车,只是碰巧发现车上有德国孕妇即将临盆,他们才败兴而归。③

---

① 斯蒂芬·E·安布罗斯:《兄弟连》,第309页。
② 斯蒂芬·E·安布罗斯:《兄弟连》,第309页。
③ 斯蒂芬·E·安布罗斯:《兄弟连》,第309页。

另一方面，盟军与德国人之间的战利品交易也“蒸蒸日上”。

起初，战利品交易首先在盟军士兵与德国战俘之间兴起。为了杜绝这种现象，军方一度把反亲善政策扩大到战俘中：

“1944 年 11 月 9 日，欧洲战区下达命令，禁止美国人和德国战俘之间买卖商品或物物交换，明确规定盟军对德国军人需要像对平民一样禁止亲善。1945 年 2 月 5 日，盟军高层意识到该举措违背陆军部章程，随即下令准许士兵从德国战俘处收集战利品，并且规定此类行为不会触犯反亲善政策。”①

德国投降后，盟军士兵与德国平民之间的物物交换悄然兴起。这些交易不但催生出反亲善政策严厉禁止的私人友谊，而且发展到倒卖重要军用物资的程度，迫使占领当局采取更严厉的措施予以打击。美军的报告指出：

“在 1945 年 9 月，军政府公布告示，宣布德国人收购、贩卖或者物物交换美军物资的活动都属非法。德国人有义务证明自己的物资是通过合法渠道采购的。美军……经过了长时间的争论后公布了冗长的清单，罗列了大量禁售商品，包括服装、鞋袜、织物、肥皂及燃料等。此外，1945 年春季，盟军还颁布禁令……意图避免盟军的交易行为演变成牟利活动。”②

战利品交易引发的亲善活动，实际上成为德国被占领时期黑市贸易的起源。战后德国经济崩溃，食物和日用物资供应捉襟见肘，但是占领军却坐拥海量补给物资。在畸形的经济环境下，大规模的黑市经济逐渐成了许多德国百姓维持生计的重要依托，甚至

---

① *The First Year of the Occupation*, p. 196.

② *The First Year of the Occupation*, p. 198.

唯一保障。

德国人时常通过提供反亲善政策严格限制的家政服务，换取美军的实物报酬。例如玛利亚·里德(Maria Reed)回忆说，她的母亲经营私人洗衣业务，结识了几个美国人。通过为这些美军服务，“她可以借此用香烟交易土豆和其他东西，我们的生活也有所改善”。①

黑市的物物交换逐渐衍生出一套复杂的流通体系：例如，一块优质腕表可以换到四磅黄油、十罐一磅重的美军肉罐头，或者三盒香烟。同时，占领军和德国人开始利用食物和香烟等，作为黑市的代用货币。美国人支付香烟购买德国人提供的布谷鸟钟、挂毯或纳粹纪念品。德国人转而使用这些香烟买卖货物。光顾黑市的一位德国女人曾这样解释这种诡异的“香烟经济”：

“旧帝国马克的硬币无法继续流通——我们不必再持有这些货币，还有各种党徽、希特勒时期的各种奖章、希特勒青年团徽章——我们拿这些东西去美国人的兵营，在那里换取香烟，再用香烟从农民那里交换食物。”②

由战利品引发的亲善活动，从早期的劫掠战利品，停战后的物物交易，逐渐成长为战后德国黑市经济的雏形。其影响直到西占区实施货币改革才最终消退。

---

① Petra Goedde, *GIs and Germans: Culture, Gender, and Foreign Relations, 1945 – 1949*, p. 90.

② Petra Goedde, *GIs and Germans: Culture, Gender, and Foreign Relations, 1945 – 1949*, pp. 90 – 91.

三、无解的“男孩—女孩问题”——占领军和德国女人的亲善活动

在林林总总的亲善活动中，最普遍、最持久、最惹人非议的就是盟军士兵与德国女郎（Fraulein）的亲密关系。美占区军政府首脑克莱曾诙谐地称其为“男孩—女孩问题”（boy-girl Problem）（下文以此简称）。①

1945 年 7 月 9 日，英国的《泰晤士报》载文指出：

“我们可能需要坦率地承认，在 99% 的情况下，军队的亲善活动意味着自由地和德国女人交往。”②

值得玩味的是，美国军队内部的“男孩—女孩问题”比英国军队严重得多。美国记者巴赫承认：英军发生亲善活动的数量通常只有美军的一半。其原因在于英军的纪律明显优于美军。一名供职于柏林军政府的英国经济学家指出：

“我在这里和其他地方听说，比较英军和美军在对待女人和财物方面的态度，英国士兵更加受欢迎。柏林的英军军纪严明，广受好评，总体上理智而仁慈。”③

7 月 23 日，美国《生活》杂志刊登文章《德国女孩——美军的

---

① Jean Edward Smith (ed.), *The Paper of General Lucius D. Clay, 1945 - 1949*, p. 42.

② “Fraternization In Germany Need For Clearer Discussion, Future Cooperation (News) From Our Special Correspondent”, *The Times*, Monday, Jul 09, 1945; pg. 3; Issue 50189; col C.

③ Alec Cairneross, *A Country to Play With: Level of Industry Negotiations in Berlin, 1945 - 1946*, Gerrards Cross: Colin Smythe, 1987, p. 45; JulianBach, *America's Germany*, p. 76.

抵制无法阻止美国大兵和她们亲善》(*German Girls U. S Army boycott failed to stop GIs fraternizing with them*),直指德国女人是美军执行亲善禁令时遭遇的最棘手挑战:

“这些图像记录了美军士兵在德国遭遇到的最大麻烦:盟军官方的‘反亲善政策’。……强制实施这项禁令的目的是为了防止50万党卫军地下武装的破坏并惩罚德国全民族,震慑德国人。但禁令无法彻底抑制美军士兵和德国女人结交的欲望。在某些部队,违背命令的行为十分普遍。”①

文章特意配发了多幅照片,使读者能直观地一窥“男孩—女孩问题”:

照片1:在威斯巴登附近一处后院,一名美国士兵正在和一名漂亮的、笑逐颜开的德国女人约会。如果被发现,他会声称她是一名难民。

照片2:当美国人驾驶吉普车穿过纳粹修建的高速公路时,经常会见到德国女孩招手致意。士兵们很难把纳粹战争罪行和在桥上微笑的德国女孩联系在一起。

照片3:一个女孩在美军士兵面前沿着河岸散步。女孩们炫耀自己,部分是为了奚落美国人,但主要是为了取得糖、口香糖和香烟等“女士诱饵”。

照片4:穿着暴露的女孩在辛齐格(Sinzig)的宪兵周围闲逛。德国女人正面临严重的男性短缺,原因是德国男性大量战死或被俘。

---

① *German Girls*,“U. S Army boycott failed to stop GIs fraternizing with them”, *Life* 1945. 7. 23, p. 35.

照片5:卡车上的美军观看德国女孩在平民游泳时段使用巴德诺伊纳尔(Bad Neuenahr)附近的游泳池。这些事总会引起美军士兵的某些反应。

照片6:军队的海报以漫画形式呈现了一连串不寻常的情节:女孩自愿亲善,男欢女爱,她高喊“强奸”,他被罚六个月劳役。“Rape”已经变成了德语词汇。

这些照片及其附文,基本反映了当时美国人对占领军和德国女人之间广泛的亲善活动——“男孩—女孩问题”的具体认识,当然其中也不乏偏激之处。

照片1

照片2

照片3

照片4

照片 5

照片 6

(一)“男孩—女孩问题”的本质和普遍性

究其本质而言，“男孩—女孩问题”是占领军和德国女人自愿达成的伴侣关系。关系的紧密程度，从泛泛的追求和交往，到亲近的性关系和恋爱关系，不一而足。照片 1 呈现的约会场景，就是当时人们印象中此类亲善活动的典型形式。

美军在报告中承认，性关系是激发亲善活动的最主要因素：

“出于可以理解的原因，大多数暗中进行的交往，对象是德国女孩和妇女。虽然无法统计盟国士兵与德国女人交往的比例，不过毫无疑问，在对儿童的禁令放松后，绝大多数违背反亲善命令的行为自然是性关系。”①

约翰·金贝尔根据马尔堡的情况指出，美军执行亲善禁令时显然“男女有别”：

“(美军)趁乱拿走了钟表、相机、收音机。他们打开监狱的大门，释放了罪犯和政治犯。他们对儿童友善，对女人友好，但对男

① *The First Year of the Occupation*, p. 198.

人们充满敌意。他们显然仅仅对男人执行反亲善禁令。”①

就普遍程度而言，“男孩—女孩问题”在各类亲善活动中出现时间最早，持续时间最长，参与人数最多，波及范围最广，几乎演变成亲善活动的代名词。

美军各部普遍都发现了“男孩—女孩问题”：美军第9军的报告称，德国女孩和美国士兵经常被发现在公园里一起散步；第6军注意到，陪伴美军士兵的年轻女人数量惊人。虽然有些人自称难民，但可疑的是她们大多数都说德语。②

1945年秋季，美军内部的调查也印证了上述报告：尽管语言不通，可是56%的士兵表示，每周都会花时间找德国“女孩”“谈话”。25%承认，“每周聊天时间达到10小时以上”。调查结论估计：美军中1/4以上的人和德国女人存在性关系。

占领军中性病发病率的急剧上升，同样可以证明“男孩—女孩问题”的普遍性：军政府研究者奥利弗·J·弗雷德里克森（Oliver J. Frederiksen）指出，欧洲胜利日（1945年5月7日）至1945年年底之间，美军性病发病率上涨了235%，从平均每年每千人75例，跃升到每年每千人251例。20世纪40年代所有美军部队中，德国占领军的性病发病率可谓首屈一指。③ 据盟军欧洲战区统计，1945年春季，美军作战部队中的性病发病率一直徘徊在5%左右；胜利日以后，发病率急速蹿升，在8月达到最高峰19%。报告同时指

---

① John Gimbel, *A German Community under American Occupation*, pp. 69 - 70.

② Earl F. Ziemke, *The U. S. Army in the Occupation of Germany, 1944 - 1946*, p. 324.

③ John Willoughby, *The Sexual Behavior of American GIs during the Early Years of the Occupation of Germany*, p. 161.

出，某些黑人部队的性病感染率达到了惊人的89%。①

美军与德国女人的性关系即使算不上两情相悦，至少也是两厢情愿的。

关于美军在德国制造的强奸事件，当时的报道指出：1945年年初，美国占领区的强奸控诉一度大幅上升：1月案发18起，2月案发31起，3月蹿升至402起，4月达到501起，5月降至241起。从6月63起，当年余下的时间内总共发生45起。这些强奸案件中约有1/4至1/2诉诸军事法庭，其中约有1/3到1/2被判决有罪：1月3起，2月5起，3月69起，4月128起，5月85起，6月7起，7月以后只有零星案例。《星条旗报》的另一篇报道揭露，莱茵兰的"强奸案件实际数量肯定远远高于公布的11件，其中4件最终导致谋杀"。②

尽管如此，相比美军数以十万计的总兵力，性侵犯案件的数量可谓微不足道。由此可见，美军与德国女人的关系总体上是建立在你情我愿的基础上。

这就引出了下一个问题，为什么美国军人和德国女人会走到一起？

显然，美国军人和德国女人在亲善活动中各取所需。

（二）"男孩—女孩问题"的成因

《生活》杂志报道中刊登的照片2，3，4，5及其解说词，实际是

---

① Petra Goedde，"From villains to victims fraternization and the feminization of Germany 1945 - 1947"，*Diplomatic History*，Winter，1999，Vol. 23 Issue 1，p.12.

② Petra Goedde，*GIs and Germans：Culture，Gender，and Foreign Relations，1945 - 1949*，p.85.

根据当时美国人的看法解释了“男孩—女孩问题”的成因。

首先，盟军士兵不相信德国女孩需要承担纳粹的战争罪行。照片2就指出：“士兵们发现，很难把纳粹战争罪行和在桥上微笑的德国女孩联系在一起。”①——这种说法显然与上节所述的“老弱妇孺”印象对盟军的心理影响关系密切。

《生活》杂志的另一篇报道中更详细地表达了部分美军的态度：

“一个美国士兵的妻子最近愤怒地写信给议员，质疑丈夫的不忠。对军方高层来说，亲善并不是忠诚的问题。当美军和法国女人亲善时，军方并没有发出道德谴责。在德国，反亲善按官方说法是一项重要基本政策。但是对士兵们来说，亲善与政策、政治无关，即使他们的约会对象过去经常和残杀美国士兵的人厮混，也不成问题。当你亲善时，你不谈论政治。亲善不过是自行车、微风吹动裙摆和一个孤独、厌战的士兵小心地在街角观察有没有警察出现。”②

在这些美国士兵看来，“亲善与政策、政治无关”。亲近德国女人只是“微风吹动裙摆”这样的私人小事。

其次，盟军士兵渴望和异性交往。照片5描绘了美军爬到高处，饶有兴趣地观看德国女孩游泳。这个抓拍的场景无疑隐晦地表露了美军的心猿意马。③

---

① *German Girls*, “U. S Army boycott failed to stop GIs fraternizing with them”, *Life*, 1945. 7. 23, p. 35.

② Percy Knauth, “Fraternization—The word takes on a brand-new meaning in Germany”, *Life*, 1945. 7. 2, p. 26.

③ *German Girls*, “U. S Army boycott failed to stop GIs fraternizing with them”, *Life*, 1945. 7. 23, p. 35.

伞兵韦伯斯特就曾记述了同伴里斯如何在德国锲而不舍地“追逐真爱”：

“里斯对寻找女人比交换鸡蛋有兴趣得多……里斯对母鸡显得极不耐烦，却对女人发生了极大兴趣；甭管多大年纪、长得怎样，只要是女人，他都会对我说：‘她长得不错。嗨，伙计，她可真是个宝贝儿。韦伯，上去说说话，真他妈的！’……最后，我们到了一个农场，一个丰满的农家少女跟我们打了个招呼。里斯笑了。我拿了一些鸡蛋后，里斯还在不停地朝她使眼色，还给了她一支烟和一块巧克力，眼看爱情之花正要绽放在D号干粮（一种新发放的食物包）和切尔西面包构成的美妙花园里时，我关上门走了出去，在太阳地里等着他。里斯出来时，只说了句：‘落空了！’回家的时候，我带着满满一头盔的鸡蛋，里斯却带着一颗破碎的心。但对那个农场，里斯仍不死心，说：‘（这）还真是一个亲善的好地方呢。’当天晚上他又去了一次那个农场，依然无功而返。”①

这个让人忍俊不禁的故事，表明某些美国军人对异性的渴望已到了饥不择食的程度。至于这种欲望究竟是出于“美国式的开朗待人”“厌战老兵的孤独寂寞”，还是赤裸裸的下半身指挥上半身，显然是见仁见智的问题。

此外，里斯最终铩羽而归意味着：美国人在“求爱”时尚且克制，至少没有霸王硬上弓的邪念。诚如韦伯斯特所说：

“如果里斯是个德国或日本士兵，这件事也许就不会这样收场了。”②

① 斯蒂芬·E·安布罗斯：《兄弟连》，第295—296页。
② 斯蒂芬·E·安布罗斯：《兄弟连》，第295—296页。

报道同时指出，德国女人也对亲善活动趋之若鹜。照片4解说词点明，当时德国女人面临严重的男性匮乏；[①]照片3的解说词则指出，丰厚的物质回报，也促使她们主动勾引占领军："女孩们炫耀自己……主要是为了取得糖、口香糖和香烟等'女士诱饵'。"[②]

诚然，德国女人和美军士兵交好的动机，确实不乏从美国男伴那里获取好处的因素。不过，美军吸引德国女人的闪光点不止于此。

许多德国女人都回忆说，美国军人当时是她们的梦中情人。例如德国女演员安妮丽丝·乌尔里希(Anneliese Uhlig)就表示：美军牙齿洁白，他们很健康、干净、营养充足。她已经很久没见过这样健康的男人了；无独有偶，维也纳的希尔德·罗比楚德(Hilde Robichaud)也回忆，她着迷于年轻的美国士兵，他们快乐、友好、无忧无虑、营养充足、对孩子和小动物非常温和。她看到他们坐在露天咖啡馆里，阅读着有趣的书籍，用吸管喝着可乐。[③] 显然，美军良好的健康状况、积极的精神状态和新奇的生活方式，都是吸引德国女人的重要因素。

美方的报道中强调德国女人有预谋地"勾引"盟军，而且渲染她们的淫荡和堕落，甚至暗示她们蓄意陷害美军。例如，照片6就通过连环画的形式警告盟军，德国女人企图以"亲善"作为幌子，诬

---

① "Fraternization In Germany Need For Clearer Discussion, Future Cooperation (News) From Our Special Correspondent", *The Times*, Monday, Jul 09, 1945; pg. 3; Issue 50189; col C.

② *German Girls*, "U. S Army boycott failed to stop GIs fraternizing with them", *Life*, 1945.7.23, p.35.

③ Petra Goedde, *GIs and Germans: Culture, Gender, and Foreign Relations, 1945–1949*, pp.106–107.

陷美军士兵是强奸犯。[1] 另一些文章也流露出类似说法："一种抱怨是：一些德国女孩企图让士兵们的行为难上加难。有一个德国金发女郎每天都会在购物的路上撞见两个宪兵，她总是故意惹人注目地扭动臀部。她挑逗地盯着宪兵，拍着屁股用德语说'禁止'。"[2]

这些观点基本属于偏见，它脱胎于反亲善宣传的叙事。实际情况恰恰相反，根据美国军人多年以后的回忆，他们自己才是不遗余力的追求者：

"此前的一段日子，连里一些父辈具有捷克或波兰血统的人全都特别兴奋。他们搭上了所有的空闲时间，不分日夜地用他们那点儿有限的语言能力追求那些来自他们父辈土地上的结实而胸部丰满的农家少女。但是这些带有天主教家教和中欧背景的姑娘们都很洁身自好，这让他们的期待又落了空。"[3]

（三）"男孩—女孩问题"泛滥的后果

1945 年 7 月 2 日，美国的《生活》杂志刊登了珀西·诺斯（Percy Knauth）撰写的文章《亲善——这个词在德国被赋予了全新的意味》（*Fraternization The word takes on a brand - new meaning in Germany*）。这篇文章指出：

---

① *German Girls*, "U. S Army boycott failed to stop GIs fraternizing with them", *Life*, 1945.7.23, p.35.

② Percy Knauth, "Fraternization—The word takes on a brand-new meaning in Germany", *Life*, 1945.7.2, p.26.

③ 斯蒂芬·E·安布罗斯：《兄弟连》，第 303 页。

“美国的反亲善规定引起了越来越多的麻烦和日益强烈的反感。”①

由于占领军和德国女人的亲善活动泛滥成灾，反亲善政策偏离了它的初衷；1945 年夏天，有关亲善和反亲善的矛盾，逐渐演变为盟军士兵和盟军高层围绕“男孩—女孩问题”的角力。随着这场冲突愈演愈烈，占领军的纪律和思想随之陷入混乱。反亲善政策由此人心渐失，不可逆转地滑向崩溃瓦解。

最初，士兵内部由于对反亲善态度不同，分裂为支持和反对两个不同阵营。有些人不但自己结交德国情妇，而且对反亲善政策不屑一顾。他们编了许多黑话，肆意嘲弄亲善禁令，例如：他们“昵称”自己的女伴为“亲善纳粹分子”（Fraternazis）。他们去约会时，就会说“我去亲一发！”（I' m going frattin.）②

另一些人创作各种段子，发泄他们对反亲善的满腔怨恨。例如：“德军士兵被释放了，他们披上平民的衣服，回家去和女人做爱……现在，（我们美国人）反而成了实际上被囚禁的人。”又如：“这项政策，只是让和漂亮女人搭讪这件事变得厚颜无耻。”③

当然，占领军中有一部分人仇视德国的思想根深蒂固，对亲善活动深恶痛绝。例如安布罗斯下的福利中尉，就是一位狂热的“反亲善斗士”：“福利成了反亲善政策极度狂热的支持者，他甚至下令要求将所有的烟蒂都进行‘拆卸检修’（撕碎以后再四散丢弃），这

---

① Percy Knauth, “Fraternization—The word takes on a brand-new meaning in Germany”, *Life*, 1945.7.2, p.26.

② Johannes Kleinschmidt, “*Do Not Fraternize*” *Die Schwierigen Anfänge deutsch-amerikanischer Freundschaft*, *1944 – 1949*, p.81.

③ Earl Ziemke, *U.S. Army in the Occupation of Germany*, *1944 – 1946*, p.324.

样德国人就无法享受美国烟草了。”①

接着，军官们围绕有没有必要严厉打击亲善活动出现分歧。

部分军官，主要是指挥系统的军官，主张坚决服从命令，严厉整肃亲善活动。例如，古德弗兰德少校在《星条旗报》上撰文鼓吹遵守命令，拒绝亲善：

“士兵会遵守命令不和德国人亲善。这是一个很难服从的命令。他的内心是友好的，他也很寂寞，他也饥渴和好奇。当他的手臂没有扛着步枪时，这只手臂曾经拥抱过女孩子。当他不从事杀戮的时候，他也喜欢亲吻。但是，重复一遍，这个士兵会服从命令，正如他服从至今为止所有下达给他的命令一样。”②

另一些军官，特别是基层军官，对一味打压亲善活动的观点不能苟同。例如，101 师空降营的指挥官温特斯少校表示：

“1945 年 4 月，驻防莱茵河前沿。占领任务让我们有了第一次和德国人真正接触的机会，也带来了小伙子们和德国女人谈恋爱这个麻烦的问题。艾森豪威尔的盟军统帅部在这个问题上的态度坚决。禁止和占领区居民进行私人接触的命令初衷是好的，但极不现实，因为我们的战士在前线的几个月里几乎见不到女人。作为营级指挥员，我尽量执行规定，但我不傻，我知道上有政策，下有对策。”③

随着军官们发生分裂，占领军的整个纪律体系也陷入混乱。

根据反亲善政策的规定，盟军士兵如果和德国女人关系暧昧，

---

① 斯蒂芬·E·安布罗斯：《兄弟连》，第 295 页。

② Johannes Kleinschmidt, “*Do Not Fraternize*” *Die Schwierigen Anfänge deutsch-amerikanischer Freundschaft, 1944 – 1949*, p. 78.

③ 迪克·温特斯：《亲历兄弟连——温特斯少校回忆录》，第 199—200 页。

会被罚款65美元(相当于1个月的军饷)。这项罚金的数额是反亲善政策额定处罚的上限,远超过其他主要亲善活动:例如,在街上和德国人交谈处以罚款10美元;滞留在德国人的住所处以罚款25美元。对士兵们的“罗曼史”处以高额罚款在军中引起很大不满,美国《生活》杂志当时的报道指出:

“美国士兵目前对所谓65美元问题有很多抱怨。”①

当违纪者的亲善活动情节更为严重时,通常会面临军法审判。在军事法庭上,“男孩－女孩问题”遭受的刑罚也远远高于其他主要亲善活动。

1945年3月,英国报纸曾报道称,40名美军因滞留在德国人家中,被集体处以罚款30英镑和3个月劳役。

5月,伦敦《泰晤士报》全程报道了对一名涉嫌亲善的英国军人进行的审判,起诉书指控:“5月23日,嫌疑人在执行任务时,违反命令和纪律,和一名德国妇女亲善,还和她发生了性关系。”被告辩解说,“5月23日晚8点,一名年龄约23—24岁的德国妇女对他说‘晚上好’以及其他一些他听不懂的话。他用手势暗示她到树林中去散步。他当晚外出时并没有准备和任何人见面。”辩护人说,“被告并没有任何预谋或蓄意违反规定的行为。他已在亲善禁令下的德国执勤了很长的一段时间了。在这样的情况下,他做了很多人在道德力量难以抵抗诱惑时都可能会做的事。”②8月,被告最

---

① Percy Knauth, “Fraternization—The word takes on a brand-new meaning in Germany”, *Life*, 1945.7.2, p.26.

② “Officer Charged With Fraternization Meeting With Woman”, *The Times*, Thursday, Jul 05, 1945; pg. 3; Issue 50186; col E.

终被判决有罪，处以开除军职，遣返回国。①

可是，严厉的刑罚并没有驱散盟军“逐爱”的高涨热情，他们转而千方百计地寻找禁令的漏洞。例如，发表在《生活》杂志的报道中就提道：

“一个士兵教他的情人说带着荷兰口音的英语，把她装扮成一个被解放国家的公民。士兵们互相帮助，交换有关本地情况的新闻。（士兵们讨论的）常见的问题是，‘你们那里怎么亲善？’”②

美军像20世纪20年代美国人逃避恼人的禁酒令那样，想方设法规避反亲善政策：

“与禁酒令时期一样……人们知道他们在哪里能找到酒，他们潜行到后门，偷偷拿起酒瓶。目前在德国，人们不能在光天化日下被发现和一个女人在一起，所以他们只能等到晚上，潜行到后门，我们确实处于同样的情况下。”③

这种可笑的局面，直接导致负责稽查亲善活动的宪兵，不但忙碌得焦头烂额，而且经常面临后院失火的窘境。《纽约时报》报道称：

“上个月，一支反间谍小队被派到美军第15军总部附近的一个村庄去调查一名安全官员。这名安全官员在那里监视一名宪

---

① “Fraternization Sentence”, *The Times*, Thursday, Aug 02, 1945; pg. 3; Issue 50210; col D.

② Percy Knauth, “Fraternization—The word takes on a brand-new meaning in Germany”, *Life*, 1945.7.2, p.26.

③ Johannes Kleinschmidt, “*Do Not Fraternize*” *Die Schwierigen Anfänge deutsch-amerikanischer Freundschaft*, *1944–1949*, p.50.

兵，这名宪兵被怀疑和村里一个德国女孩有染。”①

军事法庭内部也出现了是否惩罚卷入亲善活动的德国人的争议。有人主张：亲善活动是盟军士兵和德国女人双方过错的后果，只处罚占领军士兵有违公平。在个别案例中，军事法庭曾经起诉过个别德国女人，但是最终没有给她们定罪。这种做法遭到占领军高层的否定，主要是因为它违背了反亲善政策不理睬、不接触德国人的基本立场。②

哈罗德·辛克在反思美国军政府时总结道，盟军为了维持反亲善政策做出的努力事倍功半：

“尽管宪兵乘着吉普车在乡间四处巡逻强制实施禁令，但很显然，美国军队可能需要把大批自己人送上军事法庭，并且构筑巨大的栅栏，才能限制违规者；他们要么坐视事态发展继续损害纪律与军令，要么修改反亲善禁令。”③

诚如辛克所述：欧洲战争胜利日以后，随着“男孩—女孩问题”愈演愈烈，更多人开始质疑反亲善究竟有没有意义？是否应该取消这项不得人心的禁令？《生活》杂志的报道中就描述了几名美军士兵在酒吧爆发的争论：

一个高大的金发士兵说：“你知道，我认为反亲善完全就是愚蠢的政策。我认为，它违背人的本性。在街角四处转转，去酒吧看看。如果我这星期每天晚上都出去罚款，我就能拿着一大笔钱直

---

① Johannes Kleinschmidt, “*Do Not Fraternize*” *Die Schwierigen Anfänge deutsch-amerikanischer Freundschaft, 1944 - 1949*, p. 49.

② Johannes Kleinschmidt, “*Do Not Fraternize*” *Die Schwierigen Anfänge deutsch-amerikanischer Freundschaft, 1944 - 1949*, p. 54.

③ Harold Zink, *American Military Government in Germany*, New York: Macmillan, 1947, p. 239.

接复员退休。无论如何,我们应该教育这些德国人重新成为正常的公民,而反亲善政策这种做法,只会在我们和德国人之间筑起高大的围墙。”

另一个士兵说:“听着,你搞错了。士兵们不过是想要找一些乐子。反亲善禁令看上去毫无意义,但我能想到这么做的一些理由。不管怎么说,我们得教育这些德国人,我们现在才是老板。如果你们四处闲逛广交朋友,他们就会影响你,那么你怎么能支配他们呢?”

“但我问你,”金发士兵反驳说,“法国人有没有影响我们呢?就因为我们和法国人亲善了,我们是不是就都爱上法国了呢?我们没有。”

“这对我毫无意义,”另一个士兵说,“许多人就这样在一个地方亲善,然后去另一个地方。一些人被抓了,他们就把罚单扔在他们头上。”①

这场偶然发生的争论,实际上反映了美军思想状况的极度混乱。大多数参与讨论的人,显然都已经把“集体罪责”的问题抛诸脑后,专注于从“人的本性”和“找乐子”的角度分析亲善活动,甚至干脆认为反亲善这件事“毫无意义”;即使唯一为亲善禁令辩护的士兵,也承认反亲善政策在实践中已经如同一纸空文。

同时,由于英美媒体的集中报道,关于“男孩—女孩问题”的争论,又引发了两国国内舆论的关注和热议。例如,《泰晤士报》就曾载文,从罪责角度质疑取消反亲善政策的合法性:

---

① Percy Knauth, “Fraternization—The word takes on a brand-new meaning in Germany”, *Life*, 1945.7.2, p.26.

“暴行的问题也必须加以考虑。德国人充分地默许了暴政体制。时至今日,集中营的恐怖仍然没有受到理应遭到的痛斥。但显然反亲善政策将不可避免会在所谓生理压力下被调整,如果它没有因为其他原因被修改的话。”①

《生活》杂志的评论者在文章末尾绝望地得出结论,亲善禁令已经离题千里:

“讨论就这样继续。你很可能已经发现,‘fraternization’这个词目前在德国已经被赋予了全新的含义,你在任何一本字典中都查不到这层意思。”②

通过回顾层出不穷的亲善活动,不难发现:

盟军热衷于参加亲善活动,更多地是出于“人的本性”(主要是贪财、好色和同情心),而不是反对“德国人需要为纳粹暴行承担集体罪责”的历史意识。

盟军违背反亲善政策的途径,不是直接否认集体罪责,而是间接消解罪责与亲善活动的联系。集体罪责思想把德国社会简化为抽象整体,亲善禁令据此要求把一切社交活动拔高到政治层面予以抵制。亲善活动则恰恰相反:首先,德国人的身份认同被重新复杂化——女人和儿童等“无辜者”是主要亲善对象;其次,占领军舍弃了自身“代表正义”的身份认同——他们关心饮食男女、钱财享受,无心“教育”德国人;最后,政治色彩浓厚的“亲善活动”被还原

---

① “Fraternization In Germany Need For Clearer Discussion, Future Cooperation (News) From Our Special Correspondent”, *The Times*, Monday, Jul 09, 1945; pg. 3; Issue 50189; col C.

② Percy Knauth, “Fraternization—The word takes on a brand-new meaning in Germany”, *Life*, 1945.7.2, p.26.

为“无关政治”的日常私事——男欢女爱无关政治、收集战利品也无关政治。

盟军官方难以压制亲善活动的主要原因是无法统一军队的思想。官方始终从历史意识——集体罪责层面强调抵制亲善,忽视了士兵们高度非理性的实际想法。由于基层官兵始终不认可高层的意图,因此打击亲善活动的行动雷声大、雨点小——尽管亲善活动发生率很高,实际上只有约1000名士兵因此受到处罚。

第五节　反亲善政策的放宽与取消

1945年5—10月,因为占领军基层官兵对亲善禁令的普遍不满和长期忽视,英美占领区军政府被迫逐步放宽并最终放弃了反亲善政策。

1945年6月,军政府首先解除了禁止与德国儿童谈话的限制,接着宣布不再追究性病患者的违纪责任。7月,军政府允许占领军在公共场合与德国人对话。最后,10月1日,盟国管制委员会宣布正式取消反亲善政策。[①]

一、德国投降前后有关亲善禁令存废的讨论

早在德国投降以前,盟军高层内部就已经有人开始质疑反亲善政策。

① *The First Year of the Occupation*, pp. 200 - 201.

1945年5月5日，美军的乔伊·斯坦尼斯(Joe Starnes)上校就指出：

“在德国投降以后，反亲善政策禁止与任何人在任何地方接触。这么做显得幼稚、愚蠢。用不了多久，我们所有人都会因为我们曾经这么做而蒙羞。和平时期的反亲善政策就像禁酒令一样，无法强制实施。禁令会导致大量军法审判，挫伤士气，最终造成占领军工作麻烦不断。”①

当时，盟军高层已经就调整既有政策达成共识，但是高级将领们对具体修改的方案莫衷一是：

负责心理战的罗伯特·A·麦克卢尔(Robert A. McClure,1897-1957)少将主张立即放弃反亲善政策，促进德国人与美军合作；掌管广播宣传工作的威廉·S·帕里(William S. Parley,1901-1990)上校认为，亲善禁令在震慑和警戒德国人方面还有可取之处。他主张解释现有政策，以后择机取消；情报部门的迈克尔·巴福尔(Michael Balfour,1908-1995)要求尽快修改反亲善政策，加强对亲善活动的控制；军政府的道格拉斯·施耐德(Douglas H. Shneider)希望首先停止反德宣传，逐步实现自由交往。最高指挥官艾森豪威尔本人倾向于暂时保留反亲善政策。

5月8日，美军俘获前纳粹政权二号人物戈林。此事经过美国媒体大肆报道，演变成一次美国军官礼遇纳粹头目的政治事件：

“他(戈林)向美国第7军投诚成了一桩绅士举动。美国人在

① Earl Ziemke, *The U. S Army in the occupation of Germany, 1944-1946*, p. 321; Johannes Kleinschmidt, “*Do Not Fraternize*” *Die Schwierigen Anfänge deutsch-amerikanischer Freundschaft, 1944-1949*, p. 111.

前往他的山间藏身处的半路上遇到了他的黑色奔驰车。美军第 36 师的副师长罗伯特·I·斯塔克(Robert I. Stark)准将回应了戈林的问候而且和他握手。"①

事件曝光后,美国国内舆论纷纷批评盟军对纳粹分子态度软弱。5 月 14 日,马歇尔敦促艾森豪威尔加强反亲善的力度,同时要求"制作表现美军严厉态度的新闻和照片"。② 艾森豪威尔被迫公开声明谴责任何亲善活动,命令各级军官严厉而迅速地打击一切违纪行为。③

由于戈林被俘事件的影响,盟军错失了在德国投降前后修正亲善禁令的时机。

二、儿童亲善禁令的取消和性病防治措施的调整

5 月 22 日,艾森豪威尔就亲善问题咨询新近到任的美国驻德军政府首脑卢西亚斯·D·克莱。克莱承认坚持反亲善政策徒劳无功。不过迫于美国国内舆论对于亲善话题的敏感,克莱主张先对亲善禁令实施微调:

"虽然我认为军纪不应该取决于舆论,但我们不能无视公众舆

---

① Johannes Kleinschmidt, "*Do Not Fraternize*" *Die Schwierigen Anfänge deutsch-amerikanischer Freundschaft*, *1944 – 1949*, p. 111.

② Earl Ziemke, *The U. S Army in the occupation of Germany*, *1944 – 1946*, p. 321.

③ Cable, Marshall to Eisenhower, 13 May 45; Cable, Eisenhower to Marshall, 14 May 45; and Cable, Eisenhower to CG's, 12th AGp, Third and Seventh Armies, U. S. Air Forces, 14 May, in USFET SGS 250.

论的后果。”①

“任何实质性地放宽反亲善政策的措施，都会被媒体和公众误解，被广泛地解释为‘软弱妥协’的迹象。”②

克莱的想法是从解除针对儿童的亲善禁令入手，以此为进一步放宽禁令试水。他认为，10 岁以下的儿童不可能是战争罪行的共谋者，也不可能有意识地支持前纳粹政权，因此不容易引起舆论的过激反应。

6 月 2 日，艾森豪威尔把年龄限制改为 12 岁，之后针对取消儿童亲善禁令的问题征求马歇尔的意见。6 月 4 日，马歇尔批准了盟军统帅部的要求，同时建议取消具体的年龄限制。③

1945 年 6 月 8 日，艾森豪威尔宣布取消针对德国儿童的亲善禁令：

“此前颁布的涉及反亲善的命令和对待德国民众时的行为规范的规定，显然不适用于年幼的德国儿童。”④

儿童亲善禁令的取消并没有引起占领军的积极反响。他们反而利用新政策的漏洞掩护他们和德国女人暗通款曲。《生活》杂志报道称，士兵们称德国情人为“女孩”，用戏谑的口气和她们打招呼：“你好，孩子！”（Good Day, Child！）⑤

---

① Earl Ziemke, *The U. S Army in the occupation of Germany, 1944 - 1946*, p. 322.

② Johannes Kleinschmidt, “*Do Not Fraternize*” *Die Schwierigen Anfänge deutsch-amerikanischer Freundschaft, 1944 - 1949*, pp. 113 - 114.

③ Jean Edward Smith (ed.), *The Papers of General Lucius D. Clay*, pp. 52 - 53; Earl Ziemke, *The U. S Army in the occupation of Germany, 1944 - 1946*, p. 323.

④ *The First Year of the Occupation*, p. 200.

⑤ *German Girls*, “U. S Army boycott failed to stop GIs fraternizing with them”, *Life*, 1945. 7. 23, p. 35.

解除儿童亲善禁令，没有触及反亲善政策执行中的关键问题——男女问题。6月29日，在一份德国状况概要中，克莱忧虑地指出：

“显然，反亲善政策在士兵中间极度不受欢迎，而且从很多方面看，他们的想法无可指责。其中很多是‘男孩—女孩问题’。士兵们唯一有兴趣的交往对象就是漂亮的德国女子。坦率地说，我对这个问题无能为力。”①

“男孩—女孩问题”对军政府当局带来的困扰主要是占领军中性病的流行。对于美军来说，感染性病显然意味着和德国女人发生过性行为。这种行为严重地触犯了亲善禁令。因此，美军中的性病患者普遍不敢寻求医疗救助。结果往往是感染者把病毒传播给更多德国女人，后者又传染给其他美军。恶性循环的后果是美军整体的卫生状况急转直下。

6月15日，盟军统帅部宣布，占领军中的性病感染者寻求治疗或预防措施，不会被视为违背反亲善政策的证据。这种措施实际上变相放宽了亲善禁令。②

三、公开场合亲善禁令的取消

6月10日，英占区首脑蒙哥马利元帅告知艾森豪威尔，英国方面考虑进一步放宽德国英占区的反亲善政策，并且建议美国效仿这一措施：

---

① Jean Edward Smith (ed.), *The Paper of General Lucius D. Clay*, p.42.

② The First Year of the Occupation, p.200.

“我们应该放松现有规定，允许部队和德国成年人说话与接触。……如果我们永远不和德国人说话，就很难再教育这个国家。”①

英国方面的态度变化，主要是他们观察苏联对德政策的产物。德国投降以后，当英国和美国坚持严厉的反亲善政策时，曾经杀气腾腾的苏联人反而摆出了公开吸引与德国人合作的积极姿态。

7月9日，伦敦《泰晤士报》以《德国的亲善活动需要更明确的讨论——未来的合作》为题报道了苏联人对亲善问题的“开放”态度：

“我们发现柏林有一家俱乐部，苏联人在那里和德国女人一起跳舞，这件事给亲善这个困难的话题赋予了新的意义。这件事或许只是这个问题中无足轻重的一点，但它看上去是一根反映了风向的稻草。”②

无独有偶，美国军政府的观察者也提出了类似建议。7月，美国驻德国政治顾问办公室的布鲁斯特·莫里斯(Brewster Morris)在考察巴伐利亚以后指出：

“目前的经济和社会困境……加上我们对德国消极的、犹豫不决的政策，包括宣传领域的问题，可能导致大批德国民众投靠右翼和左翼的极端政治势力。同时，苏联的宣传可能会继续描绘浪漫的图景，给出点燃未来希望的承诺，所有这些都会助长这种趋势加

---

① Johannes Kleinschmidt, “*Do Not Fraternize*” *Die Schwierigen Anfänge deutsch-amerikanischer Freundschaft*, *1944 – 1949*, p. 116.

② “Fraternization In Germany Need For Clearer Discussion, Future Cooperation (News) From Our Special Correspondent”, *The Times*, Monday, Jul 09, 1945; pg. 3; Issue 50189; col C.

速发展。……根据我对慕尼黑地区的观察，我想进一步指出，我主张放松我们目前的反亲善政策。”①

1945 年夏季，英美和苏联在德国彼此试探，双方对峙、竞争的态势初露端倪。苏联人积极接纳德国人的态度，显然引起了英美官方的高度重视。在此背景下，清除反亲善政策——这个与德国人合作的绊脚石，逐渐成为英美军政府的新共识。

7 月 12 日，艾森豪威尔向驻德美军各部下令，取消了公共场合的亲善限制：

“鉴于目前盟军在非纳粹化进程中取得的显著成果，首要的纳粹分子已经从攸关德国人生活的重要岗位上被撤换清洗殆尽，开放我部人员与德国人在街道和公共场所交谈的禁令已经显得必要而迫切。

“因此目前禁止与德国人交往的命令于 1945 年 7 月 14 日起 24 小时内撤销。本命令对德国和奥地利境内美国占领区各部有效。”②

7 月 16 日，伦敦《泰晤士报》以《融入德国人，结交禁令被放松》为题对此事进行了报道：

“艾森豪威尔将军和蒙哥马利元帅……同时下达了修改与当地居民亲善禁令的命令。第一步是在一个月前执行的，当时蒙哥马利元帅通知说，禁令将不再适用于儿童，男孩们总是于英国卡车在街上停车时蜂拥而上。

“从上周六开始，第二步开始实施，开放和成年德国人在街上

① FRUS 1945, Vol. 3, pp. 951 –952.

② Jean Edward Smith (ed.), *The Paper of General Lucius D. Clay*, p. 53.

和公共场所交谈，但蒙哥马利元帅表示，目前还是不允许进入德国人的住房。据通讯员透露，这项命令受到欢迎。”①

占领军对结束公共场合的亲善禁令普遍持肯定态度。他们把这道命令称为“亲善命令”，7 月 15 日，《纽约时报》的记者格拉德温·希尔(Gladwin Hill)描述了星期天命令正式生效时莱茵河畔的欢腾景象：

“莱茵河畔今天出现了一道新风景——美国士兵开始与德国女孩手挽着手，热议着亲善限制放松的好处。……在星期天午后的骄阳下，他们坐在绿草如茵的河岸上，有的小声聊天，有的乘着美国的船顺流而下，有的在街道上徘徊，身边围绕着狂热的孩子们，他们一直受到糖果的吸引，不过以前只能悄悄聚集。”②

8 月 19 日，克莱也积极评价取消公共场合的反亲善禁令带来的变化：

“美英占领区现在允许与德国人在公开场合谈话。这一举措受到美军各部与德国人的普遍欢迎。此前禁令的目的已经达成，现在应允许更多正常的交流。”③

四、反亲善政策的最终取消

取消公共场合的亲善禁令，虽然得到军队一时的欢迎，但却引发了官方始料未及的后遗症。由于命令没有明确规定：哪些行为

① “Mixing With Germans Fraternization Ban Relaxed, Some Restrictions (News)”, *The Times*, Monday, Jul 16, 1945; pg. 3; Issue 50195; col E.

② New York *Times*, Jul 16, 1945.

③ Jean Edward Smith (ed.), *The Paper of General Lucius D. Clay*, p. 53.

属于“谈话”？哪些地方属于“公开场合”？结果这些问题在占领军内部造成了进一步的混乱。

英美占领区军政府不得不草拟命令，解释这些相关细节问题。结果放松以后的亲善禁令反而比原有规定更加烦琐复杂：一方面，获得允许的行为仅仅包括：在公开场合和德国人进行日常闲谈；和德国人在街道和广场上一起散步；拜访德国神职人员；只有公园、街道、剧院和车站等，属于“公共场合”的范畴。另一方面，被禁止的事项依然名目繁多：禁止进入德国人的住宅，禁止和德国人一起喝酒，禁止和德国人一起搞体育活动，禁止收受德国人的礼物，禁止进入德国人的舞会，禁止邀请德国人参加美国人的活动，禁止和德国人一起出入酒吧、餐馆或旅店。①

另外，最关键的“男孩—女孩问题”依然悬而未决。

美军第3军指挥官巴顿将军提出了“舞会计划”：美国军政府应该出面挑选一些年轻的德国女人。军方可以组织她们参加美军舞会，把她们介绍给美军交往。舞会应该处于官方监督下，参加者由美军派遣车辆负责接送。巴顿认为，这样做既能排遣美军士兵的孤单寂寞，又能避免美军的思想被别有用心的德国人渗透。“舞会计划”得到一些部门的支持，但遭到军政府的质疑。②

盟军高层对于“公开场合问题”和“舞会计划”争执不下，难以达成共识。由于缺乏明确的指示，下级军官纷纷开始自行其是：有些军官试图解释与德国人“谈话”应该符合哪些要求；保守派军官

---

① Johannes Kleinschmidt, “*Do Not Fraternize*” *Die Schwierigen Anfänge deutsch-amerikanischer Freundschaft*, *1944 – 1949*, p. 119.

② Johannes Kleinschmidt, “*Do Not Fraternize*” *Die Schwierigen Anfänge deutsch-amerikanischer Freundschaft*, *1944 – 1949*, p. 120.

则严禁美军与德国人同坐在一条长凳上、美国人和德国人手挽手等亲密举动；虽然大多数人同意“公开场合”包括街道、公园和车站，不包括乡间小道和森林，可是对于舞场、剧院和咖啡馆究竟算不算“公开场合”，人们争执不休，莫衷一是。

1945 年 11 月，盟军欧洲战区的调查显示，占领军对德国人的态度日趋软化：接近 80% 的受访者表示他们对德国人的印象积极。他们喜欢德国人的整洁和勤劳，厌恶德国人的优越感和高傲；28% 的人表示，在欧洲各国中，他们最喜欢德国人；43% 的人把战争罪责归咎于德国人，25% 的人认为德国人应该为集中营的暴行负责。调查问及受访者在此前 7 天中，花了多长时间和德国人“谈话”。结果显示：很少有人和德国老人或同龄的德国男性交往；56% 的人表示会花费很长时间和德国女孩“谈话”；25% 的人承认每周“聊天”的时间长达 10 小时以上。① 上述调查表明，随着时间推移，亲善禁令已经名存实亡。

由于公开场合的反亲善措施被取消以后，占领军内部的混乱局面日益加剧，美英占领当局不得不把彻底放弃亲善禁令提上议事日程。

7 月 25 日，美国参谋长联席会议授意艾森豪威尔自行决定亲善禁令的前途。

8 月 24 日，奥地利的反亲善政策被率先撤销，仅保留禁止与奥地利人通婚等措施。②

---

① Hqs, USFET, I&E, Research Staff, Study No. 1, The American Soldier in Germany, Nov 45, in USFET SGS 250.

② The First Year of the Occupation, p. 201.

9 月，美国向盟国对德管制委员会提出取消现行反亲善政策。艾森豪威尔、蒙哥马利和索科洛夫斯基等人在例行会议上经过磋商后一致批准了上述提案。①

9 月 20 日，盟国对德管制委员会颁布政令，取消反亲善政策的大部分条款：

"出于统一对德国政策的目的，盟国对德管制委员会命令合作委员会，以其名义向各战区指挥官下达命令，各占领区关于禁止与德国人亲善的不同命令全部取消，于 1945 年 10 月 1 日起生效。士兵在德国人家中留宿，占领军人员与德国人通婚，必须受到相关占领区指挥官的特殊许可。"②

9 月 23 日，英占区的命令特别强调了保留同居和婚姻禁令的意义：

"军人不能和德国家庭同住，军人不允许和德国人结婚。我希望全军所有人保证自己行为检点，并且在和德国人交往时遵循他们的普遍常识，德国人曾经在最近 30 年中两次与我们在战争中为敌。"③

10 月 1 日，命令在英美占领区正式生效，反亲善政策就此告一段落。

---

① FRUS, 1945, pp. 836 - 839.

② *Enactment and Approved Papers of the Control Council and Coordinating Committee* 1945. Vol. 1, Compiled by Legal division, legal advice branch, drafting section office of military government for Germany, 1945, p. 65.

③ "Fraternization With German People A Uniform Policy (News)" *The Times*, Monday, Sep 24, 1945; pg. 3; Issue 50255; col D.

小 结

20世纪70年代,美国学者在总结战后美国对德占领的经验教训时,对亲善禁令做了如下评价:“许多身居要职的人非常重视反亲善政策,许多不在其位的人却不那么重视它。”①

反亲善政策的虎头蛇尾,很大程度上正是盟军内部分歧难以弥合的后果。

一方面,“身居要职者”——盟军的高级将领积极地支持反亲善政策。他们不断通过命令和宣传教育等手段,谋求灌输集体罪责的历史意识。

这些将领不是根据德国现状,而是依据历史经验审视反亲善的问题。例如,蒙哥马利元帅向英军下达的反亲善公开信开门见山地指出:

“27年前(1918年),协约国军队曾占领过德国,但是德国随即再次发动战争。”②

他们认为接触德国人不是一般的人际交往,而是有政治意味的“亲善活动”。例如,艾森豪威尔在警告军官们杜绝亲善活动时曾威胁说:

---

① McCoy, Donald R., Zobrist, Benedict K., ed., *Conference of Scholars on the Administration of Occupied Areas, 1943 - 1955*, April 10 - 11, 1970 at the Harry S. Truman Library., Harry S. Truman Library Institute for National and International Affairs, p. 99.

② *Fraternization Forbidden F. - M. Montgomery's Warning*, *Code Of Behaviour*, *The Times* Monday, Mar 26, 1945; pg. 3; Issue 50101; col E.

“将来所有此类事件(亲善活动)都会被这样处理:战争取胜以后,我因为同纳粹分子的不当接触,毁掉了我在美国国内的公众形象。”①

另一方面,“不在其位者”——普通盟军士兵消极地抵制反亲善政策。

占领军士兵没有否认德国人的“罪责”,而是不相信“全体德国人”,尤其是老弱妇孺,全都必须分担纳粹暴行的罪责:

“美国人很难相信,所有德国人都是恶贯满盈的,他们无法仇恨在雪中玩耍的德国孩子、出售煤球的德国老妇,或者渴望邂逅慷慨征服者的德国女人。”

他们认为,亲善活动无关政治,不过是根据“人之常情”处理的日常琐事:

“我注意到,经过多次考虑,反亲善政策取消了。我早就知道会这样,禁令无法奏效。你不能以命令为基础处理人际关系。你需要应付个别的人。这就是为什么禁令在普通士兵中那么不受欢迎。军方的想法不符合实际。”②

盟军高层和基层截然对立的态度背后,潜藏着两种“德国形象”的激烈角逐:

其一是《指南》中邪恶、狡诈但呆板单调的德国形象。它脱胎于范西塔特主义的历史意识——全体德国人都是纳粹党的狂热帮凶。盟军官方试图通过反亲善教育向士兵们灌输这种观念。这种

---

① Johannes Kleinschmidt, *“Do Not Fraternize” Die Schwierigen Anfänge deutsch-amerikanischer Freundschaft, 1944–1949*, p. 112.

② Johannes Kleinschmidt, *“Do Not Fraternize” Die Schwierigen Anfänge deutsch-amerikanischer Freundschaft, 1944–1949*, p. 89.

德国形象可谓是在愤怒中扭曲过去,在恐惧中臆断未来,唯独忽略了德国纷繁复杂的现实。

其二是占领军士兵眼中多元化的德国印象——惨无人道的纳粹暴行、畸形的人口结构和似曾相识的文化习俗。这些见闻促使占领军重构了更复杂、更感性的德国形象。德国的罪责得到士兵们的普遍认同,但罪责的"集体性"悄然瓦解。

两种德国形象的矛盾,具体表现为亲善活动和反亲善政策之间的激烈冲突。德国投降以后,亲善活动泛滥成灾,尤其是"男孩—女孩问题"如同星火燎原。基层官兵的亲善活动,逐渐压倒了占领军高层维持亲善禁令的努力,同时在军中引发了不可调和的争议和混乱。迫于自己人的压力,军政府逐步放松相关限制。最终,反亲善政策草草收场。

第三章 反亲善政策和德国人

1945年10月1日,盟国对德管制委员会正式终止反亲善政策。从盟军的角度看,因为基层官兵不能充分认同德国集体罪责的历史意识,军中亲善活动层出不穷,所以军政府当局迫于维护军纪的需要,不得不逐步放宽,最终放弃了亲善禁令。不过,盟军的反亲善困局只是故事的一个侧面,本章将着重阐明故事的另一面:反亲善政策及其背后的德国集体罪责的历史观念对德国社会产生的影响。

按照军政府的官方说法,反亲善政策确实给了德国人民一个深刻的"教训"。7月12日,艾森豪威尔曾表示,占领当局放宽公共场合的亲善禁令的原因在于:"非纳粹化成效显著,首要纳粹分子已经被清除。"[①] 8月,军政府首脑克莱指出,反亲善政策的目标已经达成;取消禁令的决策受到盟军和德国人的普遍欢迎。[②]

那么,这种说法是否符合事实呢?本章试图把上述问题分为三个层次解答:首先,作为"受教育者",广大德国民众究竟是如何看待同盟国的反亲善政策?其次,德国社会如何消化亲善禁令的

① Jean Edward Smith (ed.), *The Paper of General Lucius D. Clay*, p.53.
② Jean Edward Smith (ed.), *The Paper of General Lucius D. Clay*, p.53.

思想内核——德国"集体罪责"的历史诠释？最后，反亲善政策衍生的"亲善活动"，在战后德国社会激起怎样的反响？

第一节　德国人对反亲善政策的反应

一、德国人和盟军的初次遭遇

1944 年 9 月，亚琛地区的德国居民最早接触到盟军和反亲善政策。一篇还原当时场景的报道指出，面对突入德国境内的盟军，德国人的第一反应是恐惧——大多数居民逃离家园，少数留守者心怀忐忑：

"美国佬来了！……镇上 450 名居民大多迅速收拾财物装进牛车，向东逃去。大约 80 名居民决定留下。但是他们将受到怎样的待遇呢？德国的宣传把美国人描述成恐怖的杀手。"①

美军占领村镇后，双方开始谨慎地互相试探。一名德国亲历者回忆道：

"他们(美军)一遍遍地问我们'狼人'的事，但是实际上并没有什么'狼人'。我们只是感到很高兴，一切都结束了……很快美军就意识到村里没有隐藏的敌军。当他们看到小孩从我们的地下室里跑出来，他们放松下来，毫不犹豫地拿出他们的巧克力和口

① Martin Herzog, *Don't Fraternize! Post-war American - German relations began 60 years ago*, http://www.atlantic-times.com/archive_detail.php?recordID=13

粮。我们这些成年人得到了香烟——不是一支两支,而是整整好几盒! 第一天,我们抓住所有机会和他们握手,他们感到很放松。”①

在战地记者的笔下,盟军和德国人相遇的场面更加戏剧化:

“德国人呆立着注视着。然后,一个德国人试探性地摆出了V字手势。一位妇女开始大声哭泣。最后一位家庭主妇拿出了礼物:一堆青苹果。”②

上述记载中有两点值得注意:首先,初入德国的盟军没有严格执行亲善禁令;同时,盟军没有向德国人阐明反亲善政策的存在。前者后来被盟军官方严厉纠正,后者则是盟军高层的有意部署:1944年夏秋,盟军统帅部在谋划禁令的细节时,出于避免给纳粹留下宣传口实的考虑,决定不告知德国人这项政策的存在和意图:

“我认为不宜向德国人公开我们实施了反亲善政策。他们可以通过各种渠道了解此事。同时,公布反亲善政策也可能被人曲解,借此制造反盟国的宣传。”③

此后,由于许特根森林和阿登山地的战局陷入胶着,大多数地区的德国民众直到1945年春季才目睹盟军的进占。德国人对盟军的印象因人而异,高度分化:

例如,有些人对盟军的“强大”印象深刻:“(美军)魁梧、英俊、严肃……当第一次看到吉普车上的美国士兵时,我们惊讶之情,就

---

① Martin Herzog, *Don't Fraternize! Post-war American – German relations began 60 years ago*, http://www.atlantic – times.com/archive_detail.php? recordID = 13.

② Petra Goedde, *GIs and Germans: Culture, Gender, and Foreign Relations, 1945 – 1949*, p.53.

③ Johannes Kleinschmidt, *“Do Not Fraternize” Die Schwierigen Anfänge deutsch-amerikanischer Freundschaft, 1944 – 1949*, p.107.

如同500年前印第安人惊讶地看到如同天神下凡一般的白人一样。”

另一些人为德国的战败黯然神伤：“当我走近时，我看到了钢盔，那一定是美国人。美军列队嚼着口香糖前进。当我回到莫尔特克街时，恰好又看到他们。这实在是可怕的画面，我流下了眼泪。”

其他人则百感交集，抚今追昔：“现在是仇恨的年代、愤怒的年代。我无法接受元首和他身边的人都是罪犯。人们告诉我们的事都是错误和谎言。胜利者是那些壮硕的、嚼着口香糖的人，除此之外，他们还是很友好。”①

此外，美军通常会把巧克力送给德国儿童，因此，当时的许多德国小孩后来在回忆中都把英美盟军的进驻视为“一次幸福的童年奇遇”。

总体而言，德国人对盟军的第一印象以恐惧、震惊为主，同时兼具多样性。这种多元化的印象既是战时环境的产物，也是盟国和纳粹宣传战角力的结果：

首先，战争本身重创了德国公众的心理。1943 年，德军在斯大林格勒惨败；次年，盟军在诺曼底登陆；同时，德国本土遭到猛烈空袭。军事失利接踵而至，致使德国人的精神就此一蹶不振，人们对战局悲观失望，对纳粹当局信心渐失，对前途茫然无措。② 因此，盟

① Johannes Kleinschmidt, *"Do Not Fraternize" Die Schwierigen Anfänge deutsch-amerikanischer Freundschaft, 1944 - 1949*, pp. 100 - 101.

② Hans Woller, "Germany in Transition from Stalingrad (1943) to Currency Reform (1948)", in Michael Ermath, ed., *American and Shaping of Germany Society, 1945 - 1955*, Berg Publishers, 1993, pp. 23 - 34.

军的到来被一些德国人视为解脱,而不是灾难。

其次,纳粹当局的反美宣传没有深入人心。希特勒上台以后,虽然纳粹宣传机构一直进行反美宣传,但是德国民间对美国始终不乏好感,对美国人没有明显的仇视心理。战争结束前,戈培尔试图利用广播号召德国人反抗盟军;纳粹控制的报纸散播盟军强迫平民扫雷、逼迫妇女卖淫、传播瘟疫的谣言。这些耸人听闻的说法仅仅散播了恐慌的情绪,没有激发人们的抵抗意志。①

同时,西方盟国对德国民众的"心理战"同样成效有限。1944年4月,盟军统帅部特设了心理战局(Psychological Warfare Division,简称PWD),负责指挥面向德国公众的宣传行动——心理战。按照当时的心理战理论,盟国心理战部门强调凭借"事实"和"真相",驳斥纳粹宣传的"谎言"。盟军利用英国广播公司、卢森堡电台和投放传单等手段,不断地向德国民众隔空喊话。不过,由于无条件投降条款的束缚,心理战局被严令在对德宣传中"绝不能进行任何明示和暗示"。因此,德国公众虽然不仇视盟国,但普遍不清楚盟军的意图。②

具体到反亲善政策方面,在双方的初步接触中,德国人显然没有意识到所谓反亲善有什么特殊的政治意义,甚至可以说反亲善政策完全没有引起他们的注意。究其原因,这既是因为盟军没有告知德国人禁令的存在,也是由于许多盟军士兵根本没有严格遵

---

① Petra Goedde, *GIs and Germans: Culture, Gender, and Foreign Relations*, 1945 - 1949, pp. 24 - 41; Christina von Hodenberg, "Of German Fräuleins, Nazi Werewolves, and Iraqi Insurgents: The American Fascination with Hitler's Last Foray", *Central European History*, Vol. 41, No. 1 (Jan., 2008), pp. 71 - 92.

② Larry Hartenian & Lawrence Raymond, *Controlling Information in U. S. Occupied Germany, 1945 - 1949, Media Manipulation and Propaganda*, pp. 13 - 31.

守反亲善政策:美军士兵“毫不犹豫地”赠送巧克力给德国儿童;德国成年人“得到了香烟”;面对盟军无意中抛出的橄榄枝,德国居民照单全收,“抓住所有机会和他们握手”。

二、住宿禁令引发的困惑和不满

在反亲善政策的各项措施中,较早引起德国人关注的是“住宿禁令”。

所谓住宿禁令是反亲善政策的诸多规定之一:禁止盟军与德国人同居一室。这项措施的本意在于防止莱茵兰占领时期美军与德国屋主交好的现象故态复萌。① 在实际的操作中,美军通常会把德国屋主从家中赶走,腾出屋子给士兵居住。

1945 年 1 月 22 日,美国第 9 军的一份报告指出:在德国小镇乌巴赫(Ubach)由于盟军人数众多、德国平民人数较少,征集营房的工作,进行得相当不顺利。为了在遵守反亲善政策的前提下,征用足够住所,美军参谋把德国城镇一分为二:一半房屋供美军留宿,另一半屋舍给本地居民和外地难民居住。报告明确地指出:“这是遵守反亲善规定的唯一可行的方法。”②

然而,在当地的德国人看来,这种简单粗暴的做法绝对是不折不扣的馊主意。在审讯中,德国居民约瑟夫(Joseph B.)抱怨美军的做法很不合理:

---

① Johannes Kleinschmidt, “*Do Not Fraternize*” *Die Schwierigen Anfänge deutsch-amerikanischer Freundschaft, 1944 - 1949*, pp. 32 - 33.

② *Cases & Materials on Military Government*, pp. 270 - 271.

“他不理解,美军为什么把纳粹逃犯留下的空屋安排给难民住,他们自己却硬要留宿在有人居住的房子。房子原来的居民反而必须被赶出自己的家。他认为,让难民和当地人同住才是更明智、更公平的做法,这样屋主能继续留在自己家里,保护自己的财产。”①

德国人不满住宿禁令的原因在于:反亲善政策禁止占领军抢劫德国人的财产,但是允许他们在“无主房屋”中自由地搜集“战利品”。如上一章所述,当时,美军搜罗财物的热情高涨,甚至令旁观者不禁侧目,例如,旅居英国的波兰记者伊萨克·杜舍尔(Issac Deutscher, 1907 – 1967)指出:

“美国人狂热地搜罗着各种纪念品。如果国会大厦缩小到可以运输的程度,他们会把整幢建筑装上吉普车直接搬走。幸运的猎人根本不会思考,某个纪念品是否属于别人。他们只会注意到这个东西非常值钱。”②

根据经验,德国居民深知:他们一旦被美军驱赶出家门,自己的住宅立刻就成了“无主房屋”,家中财物势必被占领者洗劫一空。镇民约瑟夫的抱怨绝不是孤立个案,当地其他德国人都有类似的想法。上述报告中陈述道:

“(德国外地)难民们最大的渴望是:回家。他们拼命想要回去,无论是否获得批准,这是军政府最头痛的问题之一。有一些人每天都会出现在市长办公室门前排队,请求获准离开。

① *Cases & Materials on Military Government*, pp. 270 – 271.

② Johannes Kleinschmidt, “*Do Not Fraternize*” *Die Schwierigen Anfänge deutsch-amerikanischer Freundschaft*, *1944 – 1949*, p. 103.

“本地老百姓也有一种类似的渴望：留在家里。因此，军队的住宿成了他们最伤心的事情。那些被迫离开家的人质问他们为什么不能留下？他们说自己可以搬进家中的某一个房间，给盟军腾出地方。为什么军队不能去附近纳粹分子留下的空房子住呢？依然住在自己家里的家庭，忧虑着下一次会不会轮到他们被赶走。他们不反对留宿难民，甚至也不反对留宿盟军（许多人甚至欢迎这样的机会），只是反对被赶出自己家。”①

由于亲善禁令，盟军没有顺应德国人的要求，反而与他们的愿望背道而驰：仅在报告提到的小镇就有60%的人口是被美军从附近驱赶出来的。

从住宿禁令的案例看，反亲善政策给德国人的感受只有晕头转向和怨愤丛生：无论是致力于维护政策的措施——驱逐住户，还是违背禁令的行为——劫掠财产，切身利益受损的始终都是德国平民，他们甚至无从得知自己究竟为何受害。显然，反亲善政策没有引导德国人认识罪责问题，反而在占领者和被占领者之间制造了愈演愈烈的现实利益冲突，进而引起了德国人对盟军的毫不必要的误解和反感。

三、德国人对亲善禁令的揣测

经过数月的占领以后，许多德国人开始逐渐通过各种渠道了解到反亲善政策的存在。不过，他们对亲善禁令的意图通常只是一知半解，掺杂了大量主观臆断。

---

① *Cases & Materials on Military Government*, pp. 270 – 271.

1945 年 2 月 21 日，盟军统帅部的心理战局对德国民众进行了一次民意测验。受调查的德国人被要求根据各自的经验，猜测反亲善政策的目的。调查的结果汇总成报告《反亲善命令在德国被占领地区引起的反应》。

这份报告指出，大多数德国人猜测反亲善政策主要发挥安全保密的作用：

"'预防谍报活动'排名榜首，10 个男人和 11 个女人认同这种观点。"①

杜绝泄密的确是反亲善政策的部分意图，不过，它只是禁令的次要目的。

同时，这些德国人都相信亲善禁令只是小范围、临时性而且非主要的举措：

"他们认为这（亲善禁令）只适用于前线附近，而且确信禁令很快就会放松。禁令即使没有被彻底放弃，它也会随着战线进一步向前推进逐渐放宽。"②

更关键的是：德国人丝毫没有意识到，反亲善政策指向"全体德国人"：

"相比其他人，这些人对反亲善政策的不满较少，因为他们找到了自圆其说的解释，这种理由没有伤害他们的感情。虽然他们认为自己不会受到任何怀疑，但是他们也同意依然有一些纳粹分子已经逃脱，我军不得不保护自己。"③

---

① *Cases & Materials on Military Government*, pp. 428 – 429.

② *Cases & Materials on Military Government*, pp. 428 – 429.

③ *Cases & Materials on Military Government*, pp. 428 – 429.

另一些人对反亲善政策的看法，明显受到住宿禁令和劫掠行为的误导：

“有3个男人和2个女人坚持认为，反亲善政策的实施是为了方便美军掠夺战利品，因为他们被迫离开自己的家。回家以后他们会发现自己的财物和离家时相比，已经发生了很大变化。一个没有遭到驱逐的男人的观点截然相反，他认为反亲善政策是为了保护他的家庭免遭洗劫。”①

鉴于调查结果，报告不得不承认：反亲善政策无法以盟军所期望的方式触动德国人的思想。这种困境的主因被归结为盟军没有向德国人阐明禁令的意图：

“我们认为（反亲善政策）最大的困难，从德国人的角度看，就是人们没有被正式告知这项规定存在，尽管大多数人感觉到占领军的冷漠态度，但是他们的认识大部分是根据传闻和观察，例如宪兵挨家挨户搜寻士兵或自己被迫离开家园，因为不允许他们（德国人）和留宿的部队共处一室。”②

占领军层出不穷的违纪行为，也被列为德国人对禁令将信将疑的重要诱因：

“从我们的角度看，另一个困难在于，事实上大多数美国军人没有遵守规定，因此，有必要让那些和军队有接触的德国人，从其他渠道了解这项规定的存在。有时，他们也不相信这项规定。”③

不过，报告拒绝承认政策本身存在弊病，其结论仍然强调严格

---

① *Cases & Materials on Military Government*, pp. 428 – 429.

② *Cases & Materials on Military Government*, pp. 428 – 429.

③ *Cases & Materials on Military Government*, pp. 428 – 429.

遵守亲善禁令：

“我们政策的成功取决于我军士兵，因为我们现在遇到的是德国人，他们会听从任何强加给他们的统治。”①

四、反亲善政策的公开

直到1945年夏季，军政府当局才正式向德国人公布亲善禁令的主旨。

1945年6月11日，英占区指挥官蒙哥马利元帅向德国民众发表广播讲话，明确表示反亲善政策的初衷是“给德国人一个教训”：

“你们总是疑惑，当你们向我军士兵招手或者在街上问候他们‘早上好’时，为什么他们对此毫无反应，为什么他们从来不和你们的孩子玩耍。我军士兵正在遵循命令行事。你们不喜欢这样的态度，我军士兵也不喜欢。我们与生俱来都是友好和善良的民族。但是这条命令是必要的，我将向你们解释其中的原因。”②

简要回顾两次世界大战之间的历史后，蒙哥马利提出了“集体罪责”的指控：

“你们认为，应该由你们的领袖，而不是你们自己，为所有这些行径负责。但这些领导人是在德国人民支持下上台的。这个国家对他们的领袖负责。当你们取胜时，你们欢欣鼓舞、弹冠相庆、喜笑颜开。这就是士兵们不和你们友好相处的原因。我们受命如

---

① *Cases & Materials on Military Government*, pp. 428 – 429.

② “Allied Commanders Meet Again Ceremony In Frankfort, Marshal Zhukov's Appeal For Unity; F. – M. Montgomery's Message On Fraternization”, *The Times*, Monday, Jun 11, 1945; pg. 4; Issue 50165; col A.

此。我们这么做是为了拯救你们,让你们的孩子和整个世界免于另一场战争。"①

最后,蒙哥马利许诺,亲善禁令只是阶段性措施,服务于非纳粹化的总目标:

"这种情况不会一直持续下去。我们是一个信奉基督教的民族,崇尚宽恕;我们喜欢微笑,乐意友善待人。我们的目标在于消灭邪恶的纳粹主义体制。现在放言实现这一目标为时尚早。"②

同时,美占区也展开了内容相近的解释工作。

不过,亲善禁令的公布为时已晚:1945 年夏,违令亲善活动已经日趋猖獗,反亲善政策业已沦为一纸空文。6 月,蒙哥马利发表讲话时,军政府刚刚取消了盟军和德国儿童的交往限制;7 月,公开场合的禁止亲善措施也被解除;10 月,反亲善政策被正式终止。因此,具有讽刺意味的是,解释反亲善政策初衷的工作,往往意味着亲善禁令本身的终结。

1945 年 8 月 6 日,艾森豪威尔在一份公告中用德语告知美占区民众:

"我指挥下的军政府人员目前得到允许,在公开场合与你们正常交往。通过这种方式,我们可以更好地理解数月以来你们提出

---

① "Allied Commanders Meet Again Ceremony In Frankfort, Marshal Zhukov's Appeal For Unity, F. - M. Montgomery's Message On Fraternization", *The Times*, Monday, Jun 11, 1945; pg. 4; Issue 50165; col A.

② "Allied Commanders Meet Again Ceremony In Frankfort, Marshal Zhukov's Appeal For Unity, F. - M. Montgomery's Message On Fraternization", *The Times*, Monday, Jun 11, 1945; pg. 4; Issue 50165; col A.

的问题。”①

盟军的亡羊补牢之举并没有赢得德国社会的积极响应。1945年7月21日，公共场所的反亲善限制被取消一星期以后，符腾堡地区的美国军政府调查了当地德国民众对反亲善政策调整的各种看法。调查结果表明，德国人对于亲善禁令的印象依然莫衷一是：

一些人认为，当局放松反亲善政策表明美国军队不愿意保护德国人的权益；另一些人相信，调整禁令的目的是促使盟军为残酷报复德国平民做好心理准备；还有一种观点认为，取消公共场合的反亲善规定的意图恰恰在于怀柔德国平民，为山雨欲来的非纳粹化大清洗做好准备。显然，相比占领军政府做出的官方解释，德国人更愿意相信自己的思考推测。不过，多数的德国受访者普遍看出，放宽亲善禁令纯属无奈之下的权宜之计：

“多数人没有从禁令的解除中解读出高层政策，仅仅把这项举措视为对于已经失控的局势的事后补救。”②

最终，军政府不得不承认，亲善禁令“给德国人一个教训”的设想已然落空。1945年7月，盟军统帅部联合情报委员会的一份报告做出了如下总结：

“只有最明智的人才能认识到，反亲善政策是一种基于道义的准则。我们的动机是让德国人认识到，他们不能得到正直的欧洲人理应享受的待遇，直到纳粹主义被彻底地消灭和粉碎，直到他们的罪恶受到应有的惩罚。有人抱怨说，如果盟军不能和德国人接

---

① Johannes Kleinschmidt, “*Do Not Fraternize*” *Die Schwierigen Anfänge deutsch-amerikanischer Freundschaft, 1944 – 1949*, pp. 118 – 119.

② Johannes Kleinschmidt, “*Do Not Fraternize*” *Die Schwierigen Anfänge deutsch-amerikanischer Freundschaft, 1944 – 1949*, p. 109.

触，就不可能重新教育德国民众，减少他们对于其他国家的无知，消除纳粹教育的影响。他们忘记了：一战后莱茵占领时期联军与德国居民的友好关系，显然没有割断德国人对权威和武力的迷恋。大多数德国人无心思考反亲善政策的初衷，他们说占领军这么做是正常的，以此宽慰自己的良知；有时，他们会把反亲善政策和盟军发现集中营的事实联系在一起。"①

总之，就德国社会的反馈而言，反亲善政策对重建德国的积极作用微乎其微：无论高层决策者公布政策意图的姗姗来迟，还是基层官兵执行禁令的弊病百出，都导致旨在"给德国人一个教训"的反亲善政策，最终只是给德国民众平添怨怼。

从历史意识的角度看，历史观念的传播离不开"诠释性的叙事"作为载体。亲善禁令恰恰堵塞了建构"叙事"的渠道——这就是政策无法触动德国人的原因：

首先，亲善禁令本身片面强调"不理睬"德国人，掐灭了一切"对话"可能。正如美军士兵的批评："我们本应该教育德国人重新成为正常公民，反亲善政策这种做法只会在我们和德国人之间筑起高大的围墙。"②

其次，盟军当局没有把反亲善政策的主旨明确告知德国人，造成德国人长期陷于不必要的困惑。

再次，盟军本身没有严格遵守亲善禁令，即使"别理德国人"的象征性姿态，也始终没有呈现在德国人眼前。事实上，德国民众对

---

① Johannes Kleinschmidt, "*Do Not Fraternize*" *Die Schwierigen Anfänge deutsch-amerikanischer Freundschaft*, *1944 – 1949*, p. 107.

② Percy Knauth, "Fraternization—The word takes on a brand-new meaning in Germany", *Life*, 1945. 7. 2, p. 26.

反亲善政策的印象,始终是模糊、零碎和自相矛盾的,自然无从理解禁令背后的"集体罪责"。

第二节　从指控到自省
——德国社会对"集体罪责"的回应

1945 年夏,反亲善政策逐渐松动。不过,等待德国人的绝不是怀柔与对话。军政府当局的报告《占领军人员和平民的关系(1946—1948)》罗列了一系列事件,表明亲善禁令落幕后,占领当局对德国严厉政策的延续性:

1945 年 10 月,反亲善政策被取消,但"并没有积极的政策取而代之";

1946 年 3 月,占领军接受的培训内容依然充斥着"灌输德国人侵略的原因""描述德意志民族的性格"和"警示德国人博取美军同情的可能"。

1946 年 9 月,美国国务卿詹姆斯 · F · 贝尔纳斯(James F. Byrnes,1882 - 1972)发表著名的斯图加特演讲,方才意味着宽松的"对德新政策"取代"严厉政策"。①

显然,战胜国追索德国"集体罪责"的努力,并没有随着反亲善政策的终止放缓。"集体罪责"依旧如同一把寒光闪闪的审判之剑,高悬在战败的德意志民族的上空。那么,1945—1946 年间,面

---

① *Relations of Occupation Forces Personnel with the Civil Population, 1946 - 1948*, pp. 1 - 4.

对占领者的“集体罪责”指控，德国社会究竟如何应对呢？如果不解答这一疑问，就无从理清亲善禁令的失败，究竟是源于方式方法的弊病，还是禁令的思想内核——德国“集体罪责”的历史观念本身存在问题。

一、从不知罪到知罪——暴行宣传与“集体罪责”的普及

1945—1946 年，非纳粹化和再教育接替亲善禁令，成为“严厉政策”的核心。二者与反亲善政策师出同门，都是参谋长联席会议第 1067 号指令的组成部分。非纳粹化旨在清洗有形的纳粹罪犯，再教育则谋求荡涤无形的法西斯遗毒。

其中，再教育与反亲善政策关系尤为密切。“再教育”的提法直接来自英国范西塔特爵士对德国历史的系统诠释——《黑色的记录：德国的过去与未来》，[①]俨然就是反亲善政策的“英国表兄”。除了裁汰德国教育系统内的纳粹势力以外，再教育还涉及通过盟国主导的媒体宣传，揭露纳粹政权和德国历史上的“黑记录”，唤醒德国人对于集体罪责的认同。

作为再教育运动的一部分，媒体宣传主要由盟军总部心理战局负责。1945 年 4 月，PWD 的副主管威廉 · S · 帕里（William S. Paley）在规划德国投降后的传媒政策时，率先提出了“暴行宣传”的概念：

“为了对抗德国人的无知，应当安排可靠的新闻性节目，针对

① 张沛：《凤凰涅槃——德国西占区民主化改造研究》，第 206—207 页。

下列主题报道：例如有关战争起源的真相，纳粹宣传机构如何欺骗德国人民，纳粹党的历史……应当预留一定篇幅进行暴行介绍，但这里应当注意，如果不能通过有说服力的和权威性的事实客观地处理这些暴行，那么‘暴行宣传’将是无效的。”①

显然，尽管“暴行宣传”名为“宣传”，但是其重点却是呈现“历史事实”，通过向德国人揭露纳粹倒行逆施的“真相”，目的是激发他们的集体罪责意识。

5月22日，心理战局发出第一号指令，其中第三款强调：

实施再教育的第一步：(1)激发德国罪行的集体责任意识；(2)报道事实，揭露德国人民对纳粹主义和军国主义听之任之导致的灾难性后果。②

在上述政策的指导下，PWD在德国战败以后，进行了规模空前的宣传攻势。

在形式上，占领当局取缔了所有德国传媒，以盟军官方的媒体全面取而代之。其中影响最广的是报纸和广播。1945年4月—11月，英美占领区发行了12份报纸。这些官办报纸由各地军政府免费或低价出版，其发行量为280万—460万。广播方面，1945年5月—6月，占领军先后在慕尼黑、法兰克福和斯图加特设立电台，形

---

① Memo, 16 April 1945, from William S Parley, to Maj. Gen. Bischop (PID) and Philip Hamblet (OWI), re: Redio Propaganda to Allied Occupied Germany. PWD 2. 转引自 Larry Hartenian & Lawrence Raymond, *Controlling Information in U. S. Occupied Germany, 1945 – 1949, Media Manipulation and Propaganda*, p. 39.

② Directive No. 1 for propaganda Policy of Overt Aliied Information Services issued 22 May 1945, PWD54, 转引自 Larry Hartenian & Lawrence Raymond, *Controlling Information in U. S. Occupied Germany, 1945 – 1949, Media Manipulation and Propaganda*, p. 41.

成覆盖整个德国西部的广播网，播送由占领当局统一编写的内容。

在内容上，“暴行宣传”继续旗帜鲜明地以“德国的集体罪责”作为主题。美军负责心理战官员指出，美国的新闻政策就是要使德国人对集中营感到有罪；英国的官员也表态，宣传的话题就是：“所有德国人对纳粹罪行的共同责任”①。同时，出于宣传效果的考虑，PWD 开始对惩罚性的集体罪责改头换面：一方面，个别德国人的具体责任得到细化；另一方面，融入了更多有关重建的积极愿景。《个别德国人罪责宣传处理指南》总结指出：

“我们应该让德国人明白，只有当他们从过去吸取教训之后，德国人才可以期待一种体面的、文明的未来。只有像承认个人罪责一样，承认德国作为一个国家的罪责，个人才能开始执行精神重建的任务。只有承认赔偿的责任，个人才能弥补以自己的名义犯下的罪行。只有担负反抗军国主义和种族主义的个人责任，才能开始创造德国的民主……只有个人承担个人对战争、种族主义、军国主义和暴行的责任，才能引发‘精神的重建’，这种重建是创建德国民主的第一步。”②

在暴行宣传中，对纳粹死亡集中营大屠杀的揭露，成为一个引人瞩目的焦点。5 月，军政府免费向德国人发放图册《KZ》（德语“集中营”Konzentrationslager 的缩写）。6 月，占领当局在新闻片《电影中的世界》（*Welt im Film*）中再次报道集中营。11 月，军政府又摄制了有关集中营的专题片《死亡磨坊》（*Die Todesmuehlen*）。军

---

① 张沛：《凤凰涅槃——德国西占区民主化改造研究》，第 214 页。

② Larry Hartenian & Lawrence Raymond, *Controlling Information in U. S. Occupied Germany, 1945 - 1949, Media Manipulation and Propaganda*, p. 56.

政府要求全德影院统一放映这部22分钟的电影，德国民众可以免费观看。①

除此之外，外部世界对德国历史传统的批判，通过同盟国的宣传，也日益为德国公众熟知。有评论者这样表述"再教育"的广泛内容：

"在五年中，德国人被告知，他们一直尊崇的人物如俾斯麦、腓特烈大帝，或是反动的容克，或是战争罪犯。在五年中，德国人被告知，军事的生活方式是一种邪恶的东西……而这个再教育的目标大部分已经达到。"②

同时，暴行宣传的普及程度也令人满意。盟军统帅部的心理战部门总结说：

"德国投降以后四个星期以内，几乎每一个受调查的德国人都直接而且多次接触到了揭发集中营真相的盟国宣传。提到暴行话题时，德国人的回答众口一词：'这些事我们已经听过很多了。'"③

至此，作为再教育政策的一部分，暴行宣传达成了亲善禁令未能实现的意图——让德国人"知罪"，亦即向德国公众普及盟国对集体罪责的严正控诉。

值得注意的是：在暴行宣传过程中，集体罪责悄然发生了两项重要的转变——在形式上，盟国改造者开始考虑德国公众的接受度，对集体罪责进行细化和调整；在内容上，集体罪责指控从笼统

① Larry Hartenian & Lawrence Raymond, *Controlling Information in U. S. Occupied Germany, 1945 - 1949, Media Manipulation and Propaganda*, p. 61.

② F. Roy Willis, France, *Germany and New Europe, 1945 - 1967*, p. 146，转引自张沛：《凤凰涅槃——德国西占区民主化改造研究》，第222页。

③ Morris Janowitz, "German Reactions to Nazi Atrocities", *American Journal of Sociology*, Vol. 52, No. 2 (Sep., 1946), p. 143.

地指向德国历史传统，逐渐转向当代的纳粹暴行，尤其是大屠杀，这一具有“唯一性”的历史黑镜头，日益成为罪责问题的焦点。

二、从脱罪到论罪——集体抑制与罪责之争

虽然盟国通过揭露纳粹暴行，实现了德国社会从“不知罪”到“知罪”的转变，但是暴行宣传无力进一步推动德国公众跨越“知罪”与“认罪”间的鸿沟。

在披露纳粹罪行的真实性方面，盟国的报道工作得到多数德国受众的肯定。心理战局对《KZ》图册读者的追踪访问显示，70 名德国读者中有超过 50 人相信影集内容属实；15 人表示有保留地相信；只有个别人心存怀疑或完全不信。①

问题是反亲善宣传曾经遭遇的困惑再次出现——人们认同纳粹政权的罪责，但是多数公众对纳粹罪责的“集体性”则无法苟同，例如在《KZ》影集的调查中，70 个德国读者中只有 3 人“把罪责归咎于全体德国人”，其他人普遍把责任推给希特勒、希姆莱、纳粹党和党卫军等；影片《死亡磨坊》得到的反馈也令人失望：虽然观众普遍相信影片内容属实，但其中竟有 87.9% 表示对个人应该承担的

---

① Larry Hartenian & Lawrence Raymond, *Controlling Information in U. S. Occupied Germany, 1945 - 1949, Media Manipulation and Propaganda*, pp. 59 - 60; Morris Janowitz, “German Reactions to Nazi Atrocities”, *American Journal of Sociology*, Vol. 52, No. 2 (Sep., 1946), p. 143.

罪责毫无感觉。①

德国人的“无罪辩护”主要是强调纳粹分子一直对德国人民隐瞒真相,同时纳粹政权用恐怖手段抹杀了人们奋起反抗的可能。例如,一个德国人曾经向盟军的审讯人员辩白说:

“你们美国人根本无法理解我们生活的环境。整个德国就如同一个集中营,我们遭到外来强权占领。我们束手无策,根本无法阻止他们。个人怎么可能抗衡强大的体制呢?”②

此外,德国人还有各式各样的遁词:有些人表示,在战败之前,他们只听说过集中营,不知道暴行的邪恶程度和巨大规模;有些德国女性认为,纳粹的各种行径只是战争不可避免的恶果;某些知识分子怀疑,盟国的宣传可能夸大了实际情况。绝大多数人都主张惩罚暴行的直接责任人——纳粹分子,其他德国人完全不必承担罪责。

1945 年 7 月,军政府首脑克莱在汇集各方情报后也忧虑地指出:

“(德国社会)基本没有显示出认同战争罪责或者厌恶纳粹教义和纳粹政权的思潮。德国人把战争失败归咎于纳粹党,用不知道政府犯下的罪行为自己开脱,而且他们认为自己支持或保持沉默的态度是在所难免的,对此漠不关心。”③

---

① Morris Janowitz, “German Reactions to Nazi Atrocities”, *American Journal of Sociology*, Vol. 52, No. 2 (Sep., 1946), p. 144; Larry Hartenian & Lawrence Raymond, *Controlling Information in U. S. Occupied Germany*, 1945 - 1949, *Media Manipulation and Propaganda*, p. 63; Morris.

② Morris Janowitz, “German Reactions to Nazi Atrocities”, *American Journal of Sociology*, Vol. 52, No. 2 (Sep., 1946), p. 144.

③ Jean Edward Smith (ed.), *The Papers of General Lucius D. Clay*, p. 65.

当时，占领军政府甚至向德国精神病学家恩斯特·克莱施默（Ernst Kretschmer，1888－1964）质询大多数德国公众回避集体罪责的原因。克莱施默博士的观点是："（德国人）对国家、权威屈从感非常强大，以至于阻碍了任何负罪感的产生。"[①]后世历史学家则用"集体抑制"概括当时德国公众对"集体罪责"的躲闪和规避。

在调查中，只有少数德国知识分子和宗教界人士愿意接受集体罪责的指控。例如，在心理战局的调查中，当时表示"认罪"的三人中，有一人是神学教授。他认为德国民众应当承担宗教性的"潜在的负罪感"。其他两人在政治上倾向于马克思主义，他们认为德国人需要对没有阻止纳粹掌权承担"道德罪责"。[②] 实际上，这一调查结果反映了"集体抑制"之外，战后初期的德国社会面对战胜国的集体罪责清算的另一种回应——罪责争论。集体罪责争论参与者主要是德国的文化界和知识界。不同于普通公众的消极回避，面对罪责指控，当时德国的知识精英各抒己见，掀起百家争鸣的浪潮。根据身份和来源，可以将当时活跃于罪责争论中的意见领袖大致分为四大类型：

首先是重新恢复地上活动的德国政治家，此类观点更多的可以视为"政见"。例如1945年年底，社民党党员威廉·科诺泽（Wilhelm Knothe，1888－1952）曾在广播讲话中谈及罪责问题，他否认全体德国人应对希特勒的罪行承担责任，但是认为德国民众

① Morris Janowitz, "German Reactions to Nazi Atrocities", *American Journal of Sociology*, Vol. 52, No. 2 (Sep., 1946), p. 145.

② Morris Janowitz, "German Reactions to Nazi Atrocities", *American Journal of Sociology*, Vol. 52, No. 2 (Sep., 1946), p. 145.

需要反省“世界历史性”罪责。[①]

其次是德国的教会人士和神学家。他们主要是从教义出发，忏悔集体罪责。标志性事件如1945年10月，新成立的德国福音教会发布的斯图加特认罪书[②]。当然，宗教界人士中也有人对集体罪责观点展开辩驳，例如1945年7月27日，富尔达大主教蒂茨（Johann Baptist Dietz，1859－1979）致信占领军当局，他认为：指责全体德国人都是屠杀犹太人的凶手不妥当，只会给德意志民族带来羞耻感。[③] 当时，也有知识分子批判教会的反思流于形式，实则淡化个体罪责。

再次是流亡海外的德国知识分子。其代表人物为流亡美国的作家托马斯·曼（Thomas Mann，1872－1955）。1945年夏秋，托马斯·曼在美国多次发表言论，坚称德意志民族应当承担集体罪责，包括6月发表的演讲《德国和德国人》（*Deutschland und die Deutschen*）和9月的公开信《为什么我不返回德国?》（*Warum ich nicht nach Deutschland zurückkehre*，1945）[④]。不过，流亡者中同样也存在反对集体罪责的声音，例如流亡美国的奥地利作家赫尔曼·布洛赫等。

最后是留守国内的德国知识精英。其中的典型是哲学家卡

① Larry Hartenian & Lawrence Raymond, *Controlling Information in U. S. Occupied Germany, 1945－1949, Media Manipulation and Propaganda*, p. 58.

② 教会对集体罪责的反思，参见张沛：《凤凰涅槃——德国西占区民主化改造研究》，第252页。

③ 安尼：《德国战后初期关于“集体罪责”的争论》，《同济大学学报（哲学社会科学版）》2011年第4期，第18—23页。

④ Luther? Friedrich der Große? Wagner? Nietzsche? ... Wer war an Hitler schuld?: Die Debatte um die Schuldfrage, Munich: Minverva－Publication, 1985, pp. 38－39.

尔·雅斯贝尔斯(Karl Theodor Jaspers,1883－1969)及其1946年发表的专题著作《罪责问题》(*Die Schuldfrage*,1946)。雅斯贝尔斯对德国的集体罪责进行了系统性的分类,同时以承认和忏悔集体罪责作为基本前提,对德国未来的前途展开了初步推演。后来,《罪责问题》成为高度评价战后德国的诚恳悔罪态度的最重要依据之一。① 不过,雅斯贝尔斯的论述偏重理论,在战后初期的影响也不如后来广泛。

对于这场围绕集体罪责的争论,后世学者做出了一分为二的评价:一方面,战后德国的知识精英,选择勇敢面对罪责清算,对本国的罪责进行批判性反思,为日后德国的"浴火重生"奠定了坚实的基础,其正面意义无疑值得后人肯定;另一方面,德国知识分子轰轰烈烈的罪责激辩背后,始终默许甚至助长了当时德国社会整体上"面对罪责问题的普遍沉默态度"。②

对照二战中美国围绕德国历史的争论和战后初期德国针对集体罪责的激辩,不难发现这两场争论具有引人注目的对应性:

就相似性而言,德国形象之争和集体罪责争论的形式基本一致,都是典型的公共历史讨论——争论的主题与历史关系密切;争论的空间为社会的公共领域;争论的参与者包括大量非专业历史撰述者;争论的方式不拘泥于学术历史研究的条条框框;争论的结果是历史意识与政治决策的互相影响。

就差异性而言,两场争论的发展轨迹恰好相反——战时美国

---

① 雅斯贝尔斯罪责反思的评价,参见张沛:《凤凰涅槃——德国西占区民主化改造研究》,第250—251页。

② 罪责争论的评价,参加安尼:《德国战后初期关于"集体罪责"的争论》,《同济大学学报(哲学社会科学版)》2011年第4期,第18—23页。

社会的德国形象之争，起点是新马克思主义、歹徒理论、范西塔特主义三家争鸣，发展中路德维希的观点一峰突起，历史观念塑造决策，反亲善政策应运而生；德国的集体罪责之辩，开端是一元化的官方立场。占领军政府的集体罪责指控，发展为多元思想碰撞——既有占领者与被占领者之间的跨国对话，又有德国社会内部争议。

如果说战时美国社会的德国形象之争，可以概括为历史观念影响了政治决策，那么集体罪责问题在战后德国的层层递进，终将演化为历史意识的调整。由此，经过反亲善政策失败的波折，凭借罪行争论的助推，德国集体罪责的历史观念，最终在山重水复后逼近柳暗花明，摸索到了德国社会历史意识的门槛之上。

三、走向自省——德国历史学家的浩劫反思

面对集体罪责，德国公众陷入"集体抑制"，德国知识精英展开"罪责之辩"。在政治上，相比消极"脱罪"，积极的"论罪"显然有助于德国"克服过去"；不过，从历史学角度看，罪责争论中的历史叙述，在深度、广度和系统性上都有欠缺。

例如，在雅斯贝尔斯《罪责问题》一书中，除了纳粹统治的12载岁月外，对具体史实着墨不多，仅有个别处提到20世纪前的德国史，而且语焉不详：

"每次都是这样。1866—1870年以后普鲁士德意志的喧嚣如此……1933年，纳粹上台以后的喧嚣亦然。"①

① Karl Jaspers, *Die Schuldfrage*, München: Piper, 1979, p.13.

这种现象反映了罪责问题的失衡之处：一方面，暴行宣传偏重揭露新发现的纳粹罪行，尤其是对犹太人大屠杀；另一方面，罪行争论侧重当下——罪责的集体性，相对忽视反思过去——德意志民族的历史传统与纳粹统治的关系。

在迈向自省的道路上，德国社会还欠缺一张关键的拼图，既从纵向角度沟通德国的过去、现状和未来，又在横向囊括战争、被占领和大屠杀等广泛历史维度；不仅纠正德国既有历史观念的不当之处，还驳正盟国集体罪责指控的过失之处。重构德国社会的历史意识这一重要使命，唯有德国专业历史学家才能完成。

回顾战后初期的德国，系统性的德国史著作为数不多。其中最重要的论著是 1946 年梅尼克（Friedrich Meinecke，1862 – 1954）的压卷之作《德国的浩劫》（*Die deutsche Katastrophe*）和 1948 年格哈德・里特尔（Gerhard Ritter，1888 – 1967）《欧洲和德国问题：论德国国家思想的历史特点》（*Europa und die Deutsche Frage：Betrachtungen über die geschichtliche Eigenart des Deutschen Staatsdenkens*）。[①] 此外，亚历山大・阿布施（Alexenda Abusch，1902 – 1982）的著作《一个民族的错误道路》（*Der Irrweg einer Nation*）则是当时以马克思主义方式重述德国史的案例。[②]

历史的巧合之下，三位作者分别呈现出二战前后德国历史研

---

① Winfried Schulze, *Der Neubeginn der deutschen Geschichtswissenschaft nach 1945：Einsichten und Absichtserklärungen der Historiker nach der Katastrophe*, in *Deutsche Geschichtswissenschagt nach dem Zweiten Weltkrieg*：1945 – 1965, München：Oldenburg, 1989, p. 5.

② 1945 年，《一个民族的错误道路》首先出版于墨西哥，1947 年在德国出版。参见 Alexander Abusch, *Der Irrweg einer Nation. Ein Beitrag zum Verständnis deutscher Geschichte*, Berlin：Augbau, 1947.

究的三种趋势:梅尼克象征着德国历史学的过去。这位"历史主义的最后一位大师",一生尽览近现代德国的兴衰荣辱,纳粹时期被迫"靠边站",战后以82岁高龄重出江湖①;里特尔代表着西占区史学的未来,战前里特尔与纳粹政权分分合合,最终走上抵抗道路,战后在德国史学组织和理论的重建过程中表现活跃②;阿布施预示苏战区的史学,他服膺马克思主义,纳粹时期远走拉美,战后投奔苏占区新生的统一社会党,一度在民主德国担任要职。

鉴于梅尼克的学术源流最正统,《德国的浩劫》的撰述时间最契合战后初期,本节以梅尼克《德国的浩劫》为主,通过与艾米尔·路德维希的历史叙事对照,梳理德国历史学家重构德国史的努力。

在视角上,不同于路德维希基于德意志"精神因素"建构的德国"独特道路",梅尼克开篇就把纳粹浩劫定义为"普遍"的国际问题,其基础则是社会现象——"两大浪潮":

"德国的浩劫这个问题却同时扩展为一个超乎德国之外的普遍西方命运的问题。直接把我们带进了这一深渊的希特勒的国家社会主义,不是一种单独出自德国的发展势力的现象。③

"与民族主义和社会主义这两种浪潮的融合问题相联系在一起的,便是这一思想:要通过一种极权主义的、集中的、不受任何一种国会性质约束的对国家、民族和个人的控制而赋予这种融合以

① 梅尼克的学术地位和学思历程,参见梅尼克:《世界主义与民族国家》,孟钟捷译,上海:上海三联书店,2007年,译序。

② 里特尔在战后德国史学重建和讨论中发挥的重要作用,参见 Winfried Schulze, *Der Neubeginn der deutschen Geschichtswissenschaft nach* 1945: *Einsichten und Absichtserklärungen der Historiker nach der Katastrophe*, pp. 23–30.

③ 梅尼克:《德国的浩劫》,何兆武译,北京:生活·读书·新知三联书店,1991年,第1页。

顽强性和坚固性。"①

在架构上，有别于路德维希平铺直叙的小说家笔法和雅斯贝尔斯条分缕析的理论家风范，梅尼克的谋篇布局，既有阶段分明的叙述，又有分门别类的议论。开篇第一章勾勒基本讨论框架——当代的两大浪潮；第二至四章近似通史，将19—20世纪的德国史划分为三阶段，渐次展开民族主义和社会主义力量的此消彼长；第五章到第八章笔锋一转，以主题为单位，论述纳粹崛起与现代理性、军国主义、强权政治乃至于偶然性的逻辑关系；第九章至第十三章，则继续采用主题形式，论述纳粹主义与同时代其他现象的关系，例如共产主义、西方世界以及基督教等；第十四章单独介绍德国军队的反希特勒抵抗；最后以"德国的新生"结尾。

借助复杂的结构，梅尼克在依据两种浪潮的融合这一主线叙述历史的同时，提出一系列理论概念，例如"智人和强人""偶然性和普遍性"以及"群众的马基雅维利主义"等，用以解释纳粹主义兴起和德国各阶层倒向希特勒的原因。在此基础上，梅尼克得出结论，总体上偏向"歹徒理论"，兼采"范西塔特主义"对德意志传统的一部分批判。

一方面，他强调希特勒的极端特殊性，纳粹上台的巨大偶然性：

"导致希特勒攫取政权的，确实是一种完全独特的、而且在很大程度上还是各种偶然的原因的遇合。"

另一方面，他又承认，德国历史传统的某些阴暗面，与纳粹暴政关系密切：

---

① 梅尼克：《德国的浩劫》，第9页。

“我也永远没有忘记过这个希特勒主义和此前社会的发展和精神的发展之间的联系，和自从俾斯麦时代以来的上层资产阶级圈子的那种权力热、他们的非精神化和物质化，以及更古老的普鲁士德意志军国主义本质的狭隘化和强化，这一切都是和从智人之转化为强人及其摧残灵魂的作用相联系着的。”①

从历史意识的分析维度看，《德国的浩劫》在许多具体叙事细节上的处理，也处处体现出回应集体罪责的指控，重构学术化历史叙事的意图。

在时间意识上，相比《指南》简单粗暴地混淆历史与现实的做法，梅尼克做了更细腻的处理。

一方面，梅尼克承认历史线索的连续性，即使这种延续性意味着德意志历史传统的阴暗面，例如普鲁士“心灵的分裂”：

“自从腓特烈·威廉一世和腓特烈大帝以来，普鲁士国家里就存在两种心灵，一种长于文化，而另一种则反对文化。”②

另一方面，梅尼克拒斥把历史与现状做盲目地类比和影射，例如俾斯麦：

“我们必须把俾斯麦评价为一种临界的现象。他在某种程度上仍然保持着权力与文化的综合，就像是德国统一运动的精神领袖们所理解的那样。”③

在历史性意识上，梅尼克兼顾动态和静态，注重呈现不同的方向和节奏。其中最典型的案例是“两大浪潮”的合流。梅尼克主

---

① 见第13章，《希特勒主义有前途吗？》，梅尼克：《德国的浩劫》，第161—165页。

② 梅尼克：《德国的浩劫》，第19页。

③ 梅尼克：《德国的浩劫》，第23页。

张，民族主义和社会主义力量的此消彼长，贯穿19—20世纪德国历史：

“19世纪的民族运动和社会主义运动这两大浪潮在德国有着一种全然特殊的性质，并且它们二者在互相作用着。”①

两大浪潮的融会，成为希特勒崛起的基本前提，梅尼克甚至冒天下之大不韪，不惜使用“希特勒主义的积极内容”的敏感措辞：

“希特勒显然是对当时的一切弊端和需要，提出了更强有力得多的办法。而那些正在空中荡漾着的伟大观念，即民族主义和社会主义两大运动的汇合，却毫无疑问地在他身上找到了最热烈的宣扬者和最坚决的执行人。在他那个时代的这一伟大的客观观念中的地位，是必须坦率地加以认可的。”②

结合时间意识和历史性意识，梅尼克着意说明纳粹崛起进程中彼此交织的“偶然性与普遍性”。梅尼克认为，希特勒上台，虽然其中有普遍性因素的推动，例如一战战败的愤懑情绪，反犹情绪和经济危机等，但更主要的是源于偶然因素，包括布吕宁的不幸倒台、兴登堡的年迈昏聩，以及其他政治势力的屡屡失策等。

在认同意识上，梅尼克明显接近“歹徒理论”的思想。着重区别希特勒及其党羽和广大普通德国民众的差异性：

“希特勒的性格和行动，尽管和他那时代的德国生活有着非常紧密的联系，但对我们德国人来说，其中却仍然存在着某种全然独特的、对我们德国人是陌生的、难于理解的、而且无论如何还是某

① 梅尼克：《德国的浩劫》，第12页。

② 梅尼克：《德国的浩劫》，第124页。

种非常之自我中心的东西。”①

在道德意识上，梅尼克建构的“善的德国人”和“恶的德国人”截然对立：希特勒仅仅代表德国黑暗面的极端，以此消解集体罪责中常见的“民族性”叙事。

“那种德国内部的爱好和平的、有文化教养的民族性……它将富有希望地在我们德国人中间继续存在下去，赐福给我们……

“德国边疆战斗形式的、由希特勒所代表的民族性，根本不是什么德国特有的，而是所有生活在东欧中间地带、彼此相互蹂躏的那些民族的共同产物。”②

在政治意识上，梅尼克带有明显的精英立场。

盲从、狂热而功利的无名大众在第七章《群众的马基雅维利主义》遭到批判。不过，与此同时，德国民众对纳粹的拥护，通常被解释为特定形势的产物：

“青年人中间有着一种自然而然的冲动，要集会结合鼓励人心，要在凡是可能的地方采取迅速的行动。于是在30年代初期，就有许多可贵的然而在政治上是不成熟的青年人，聚集到希特勒运动的冲锋队里来。我们可以说，希特勒是通过一场典型的，然而又是盲目的青年运动而取得政权的。”③

德国军政高层的抵抗精英，则在第十四章《1944年7月20日事件的背景》受到英雄式的缅怀与讴歌：

“我认识了那些可惜为数不多的高级军官之一，他们可以认为

① 梅尼克：《德国的浩劫》，第101—102页。

② 梅尼克：《德国的浩劫》，第128页。

③ 梅尼克：《德国的浩劫》，第76—77页。

是沙恩霍斯特的真正继承人，他们不仅是严肃的和生气勃勃的军人，而且也是有很高教养的和目光远大的爱国者。”①

显然，通过回溯性地审视历史，梅尼克的意图同样在于关切当下和展望未来，他在全书最后一章《德国的新生之路》中明确提出了自己为未来德国规划的蓝图。其中，他明确表态，反对反亲善政策和再教育政策的主旨——集体罪责的观念：

“我们现在就怀着这样一种感情要反对常常是属于战胜者的阵营中的一种议论，即那种对于世界是不健全的东西，最初并不是源出于第三帝国，而是更古老得多，是起源于俾斯麦，甚至于是起源于腓特烈大帝。”②

《德国的浩劫》通常被评价为德国历史学者“对纳粹主义的初步反思”③，同时，梅尼克在书中“将纳粹历史清除出德国传统”的努力④，则被后世诟病为无法认清德意志传统与纳粹主义之间的密切联系。⑤

如果不是简单地把《德国的浩劫》视为单纯的历史著作，臧否其观点的正误，而是置于战后罪责之辩的语境中，那么就不难发现，梅尼克的著作具有双重意义：

首先，《德国的浩劫》可以视为德国社会以系统性的历史建构，

---

① 梅尼克：《德国的浩劫》，第 174 页。

② 梅尼克：《德国的浩劫》，第 188 页。

③ Winfried Schulze, *Der Neubeginn der deutschen Geschichtswissenschaft nach 1945: Einsichten und Absichtserklärungen der Historiker nach der Katastrophe*, p. 5.

④ 安尼：《德国战后初期关于“集体罪责”的争论》，《同济大学学报（哲学社会科学版）》2011 年第 4 期，第 18—23 页。

⑤ 李哲罕：《“德国历史学派”的最后一位大师——对弗里德里希·梅尼克思想的考察》，《贵州大学学报（社会科学版）》2014 年第 4 期，第 14 至 20 页。

回应并消化战胜国对德国历史传统的全面质疑的初步尝试。梅尼克虽然整体上否定集体罪责,但是在论述中处处着眼于针对同盟国指明的问题,重新清理既有的德国历史叙述。由此,将外力强加的罪责指控,转变为德国历史研究的自我反省。

其次,《德国的浩劫》也是德国专业历史学者参与公共历史议题的重要的一部著作。面对公共历史领域围绕集体罪责的激烈争议,德国学院派历史学者选择主动参与,借助系统性地历史论述,融入德国社会的论罪思潮。

1946 年后,由于国际形势的变化,同盟国开始调整对德政策。在西占区内部,非纳粹化和再教育的高峰过去,占领者奉行"以德国人再教育德国人"的方针。随着军政府退而行使监督审批权,媒体的管理权逐渐转移到德国社会精英手中,德国的公共舆论开始活跃,有关罪责问题的争论因而得以进一步深化发展。

根据历史学者巴布罗·埃布兰(Barbro Eberan)的研究,在1945—1949 年,围绕着德国历史罪责问题展开的论辩,逐渐演变为包罗万象的历史和政治讨论。其中涉及的主题不仅包括了宏观抽象的德意志民族性格、集体罪责和个人罪责,而且涵盖了大量具体的历史人物与事件,例如:早期日耳曼人、中世纪的德意志诸邦、马丁·路德、宗教改革、绝对君主制、腓特烈大帝、普鲁士邦国、唯心主义思想、俾斯麦、德意志第二帝国、《凡尔赛和约》、魏玛共和国、希特勒以及其纳粹主义。讨论的参与者,不仅可以按照立场划分为教会、心理学、马克思主义等七大派别,而且可以按照年龄段划分为老一代(生于 1895 年前)、失去的一代(生于 1895—1910 年)、年轻一代(生于 1911—1927 年)等三大主要群体。以至于埃布兰在书名中连用七个问号表达争论的“超展开”——《路德？腓特烈大帝？瓦格纳？尼采？……谁为希特勒负责？——罪责问题争论(1945—1949)》。①

最终，在战胜国、德国公共知识分子以及德国专业历史研究者的共同努力下，反亲善政策通过激进、单边和强硬手段未能实现的“给德国人一个教训”的目标，最终随着再教育运动，转化为占领者与被占领者之间的多元互动，进一步向德国社会自身的深入反省发展。

第三节　反亲善政策的后遗症
——战后德国社会的亲善问题

战后德国社会艰难地消化“集体罪责”的苦果，同时，反亲善政策取消以后，亲善活动没有随之完全转变为正常的人际交往，反而在战后德国社会持续发酵，演变为德国被占领时期的重大社会问题，其影响一直延续到联邦德国建国以后。

一、亲善活动的发酵

反亲善政策取消以后，德国人和占领军的人际交往迅速增加，

---

① Luther? Friedrich der Große? Wagner? Nietzsche? ... Wer war an Hitler schuld?: Die Debatte um die Schuldfrage 1945 - 1949, Munich: Minverva - Publication, 1985, pp. 7 - 8.

趋于常态化。美占区军政府对德国人进行的调查显示：1946 年 9 月，美占区德国人中约 20% 表示曾和美国人交往；14% 的人承认至少和一个美国人“熟悉”或者“比较熟悉”；柏林市民中 13% 的人承认曾和美国人交往；7% 的人表示和美国人关系比较紧密；1947 年 11 月，约 1/4 美占区公民（27%）和西柏林市民（25%）表示自己结识了美国人。①

同时，反亲善政策失败以前包罗万象的“亲善活动”，在亲善禁令取消以后，分化为合作（interaction）和亲善（fraternization）。②

“合作”主要指美国人和德国人由于行政管理和专业事务展开的社交接触。调查显示：男性（42%）比女性（32%）更可能结识美国人；超过半数上层人士（55%）和受过高等教育的人员（54%）接触过美国人；专业人员（66%）、商人（46%）和白领职员（52%）结识美国人的可能性高于其他职业群体——这些数据都表明，“合作”的主要参与者是德国的专家和技术人员。③

“亲善”这个词则逐渐演变成美国占领军和德国女人之间亲密关系的代名词。上述调查的某些数据证明这种跨国男女关系的规模很可观：通常，德国人与美国人接触的比例会随着年龄的递增稳定地递减，但这条规律唯独不适用于年轻女子：20 岁以下的女性中 30% 与美国人存在交往，20 岁以上的女性中该比例高达 43%。

---

① Anna J. Merritt & Richard L. Merritt (ed.), *Public Opinion in Occupied Germany*, Urbana, Chicago, London: University of Illinois Press, 1970, pp. 111 – 112.

② Petra Goedde, *GIs and Germans: Culture, Gender, and Foreign Relations*, 1945 – 1949, p. 81.

③ Anna J. Merritt & Richard L. Merritt (ed.), *Public Opinion in Occupied Germany*, Urbana, Chicago, London: University of Illinois Press, 1970, pp. 111 – 112; pp. 202 – 203.

1946 年，美军内部的调查也显示，50%—90% 的美国军人和德国女人有染；已婚的官兵中也有 1/8 在德国建立了稳定的伴侣关系[①]——可见，反亲善政策的取消，只是把欲说还休的"男孩—女孩问题"，变成了明目张胆的"美夫德妻"。

反亲善政策取消以后狭义的"亲善"——美国军人和德国女人的罗曼史，本质上是亲善禁令时期"男孩—女孩问题"的延续。其主要形式依旧是占领军和德国女人在自愿基础上结成性伴侣关系。正如记者珀西·诺斯在《生活》杂志的报道中指出的："亲善"这个词在德国已经被赋予全新意味——它无关政治，而是"风吹裙动"的爱情故事。[②]

随着亲善活动大行其道，生殖系统传染病在战后德国进一步蔓延。

反亲善政策取消前，1945 年 8 月，美军性病发病率达到顶峰，平均感染率为 19%，某些部队的感染率高达 89%。1946 年 9 月，美国《新闻周刊》(*Newsweek*)披露的数据称，1946 年夏季，性病平均感染率为 26%，相当于战争结束时的 4 倍。报道声称，如果不采取措施，每 4 名美军士兵中将有 3 人在年底前罹患花柳病。[③]

德国人方面，1946 年，每 200 人中有 1 人感染淋病，每 500 人中有 1 人感染梅毒。女性的感染率更高：每 166 人中有 1 人感染淋

① Elizabeth Heineman, "The Hour of the Woman: Memories of Germany's 'Crisis Years' and West German National Identity", *The American Historical Review*, Vol. 101, No. 2 (Apr., 1996), p. 382.

② Percy Knauth, "Fraternization—The word takes on a brand-new meaning in Germany", *Life*, 1945.7.2, p. 26.

③ *Fraternization with the Germans*, p. 46, p. 76, p. 80; "Services: Disabilities and VD", *Newsweek*, 22 July 1946.

病，每433人中有1人感染梅毒。如果和1934年数据比较，淋病的发病率增长2倍，梅毒的发病率增长3倍。[1] 另据估计，至少有10%—20%的德国女性人口卷入了形式各异的卖淫活动。[2]

亲善活动泛滥的另一个表征是“占领儿童”（*Besatzungskinder*）数量的攀升。所谓“占领儿童”，是指德国女人和占领军士兵结合诞下的子女。1946年，德国西部占领区的非婚生子女占全部新生儿的比例达到16%；其中1/6被确认是占领军和德国女人的“结晶”。另据统计，占领时期，美德混血儿数量约为94000。当时的德国媒体甚至讥讽说，若干年后，如果美国在欧洲发动另一场战争，已经没必要在美国本土招募军队了，只要寄来美式军装就可以开战了。[3]

反亲善政策失败前，“男孩—女孩问题”尚且受到罚款、军法审判等措施制约。禁令取消以后，性病的发病率大幅攀升和“占领儿童”的大量涌现，无疑说明狭义的亲善活动——占领军和德国女人的亲密关系，已经日益普遍，渐成常态。显然，“男孩—女孩问题”业已从反亲善政策遭遇的诸多挑战之一，迅速恶化成为战后德国的一个严重社会问题。

---

① “Berlins Krankheitskurve seit 1945”, *Der Tagesspiegel*, 23 January 1948; and “TBC und Geschlechtskrankheiten”, *Frankfurter Rundschau*, 16 November 1948; “Medicine: The GI and VD”, *Newsweek*, 2 September 1946.

② Perry Biddiscombe, “Dangerous Liaisons: The Anti-Fraternization Movement in the U.S. Occupation Zones of Germany and Austria, 1945 – 1948”, *Journal of Social History*, Vol. 34, No. 3 (Spring, 2001), p. 617.

③ Barbara Willenbacher, “*Zerrüttung und Bewährung der Nachkriegs-Familie*” in *Von Stalingrad zur Währungsreform: Zur Sozialgeschichte des Umbruchs in Deutschland* ed. Martin Broszat, Klaus-Dietmar Henke, and Hans Woller, München, 1988, pp. 600 – 601.

二、亲善问题恶化的原因

除了前文论及的性别比例失衡外，战后初期德国经济的凋敝和反亲善政策被取消以后占领军军纪的涣散，显然是亲善问题愈演愈烈的重要原因。

一方面，战后的德国在经济崩溃的深渊中苦苦挣扎，食物短缺尤其突出。

1940—1941 年，德国成年人平均每日摄入 2445 卡路里（1 卡路里 =4.18 焦耳）营养，1943 年，每人每天尚能摄入 2078 卡路里。1945—1946 年，这个数字急剧下跌到 1412 卡路里；1945 年 6 月，美占区官方每日配给普通德国公民的食物，其热量仅相当于 860 卡路里。这些骇人的数字印证了战时德国的一个笑话“最好享受战争，和平将是可怕的”。[①]

由于男性大量伤亡，德国女性被迫承担起搜集食物和其他维生物资的重担。战前，纳粹当局把德国妇女局限于妻子和母亲的角色；战时，随着男人离家参战，德国女性开始操持家计；战后，德国女人一面参与废墟清理工作，一面继续承担养家糊口的繁重任务。1946 年冬，美占区局部地区的食物配额降至每天 800 卡。许多德国家庭完全依赖妇女前往乡村用财物交换粮食来获取食物。这种物物交换被德国人苦涩地称为“觅食之旅”（Hamsterfahrten）。[②]

---

① 托尼·朱特：《战后欧洲史》，第 10—11 页。

② Petra Goedde, *GIs and Germans: Culture, Gender, and Foreign Relations, 1945–1949*, p. 105.

为了取得占领军手中富余的食品、香烟和日用品，许多饥寒交迫的德国女人走上了充当占领军的情妇，甚至在军营附近卖淫的苦难之路。有记者报道称：

“这些女人(美军的仆人)来自德国家境好的家庭。有些人看到少女们在军营门口等候美军士兵，他们给这些人起了一个悲惨的绰号。人们称她们为 Ruinenmauschen——用英语说，应该是‘废墟老鼠’(Ruin-mice)——这些可怜的小老鼠身后，生活在轰炸废墟中那些以出卖肉体为生的人，可能比她们更低一级，她们依靠烧焦的食物维生，在国家的毁灭和腐朽中逐渐壮大——但她们并不邪恶，只是悲惨而弱小的小东西，她们也需要设法谋生。”①

另一方面，反亲善政策的取消，客观上也进一步纵容了占领军，特别是美军猎艳的欲望。在战后德国，占领军掌握着稀缺的物资和超然的特权。他们凌驾于德国民众之上，俨然是畸形社会的特权阶层。反亲善政策被取消，无异于除去了悬在占领军头上的最后一道紧箍咒。随着约束的消失，美军开始肆意妄为。

1945 年 10 月 1 日，艾森豪威尔在取消亲善禁令时附加了一份“个人声明”。他在声明中要求：

“我希望你们每个人都要注意，只要你驻扎在德国，你就代表着美国的生活方式。当你同德国人接触时，我希望你注意自己的言行，正确体现你的祖国和你的军服赋予你的信誉。”②

---

① John Willoughby, “The Sexual Behavior of American GIs during the Early Years of the Occupation of Germany”, *The Journal of Military History*, Vol. 62, No. 1 (Jan., 1998), p. 171.

② Johannes Kleinschmidt, “*Do Not Fraternize*” *Die Schwierigen Anfänge deutsch-amerikanischer Freundschaft*, *1944 – 1949*, p. 122.

按照军政府的规划，虽然反亲善政策不复存在，但占领军应该自觉谨言慎行。不过，美军的报告《占领军人员和平民的关系(1946－1948)》揭露了战后初期的美国占领军并不光彩的真实面目：

"诚然，不少美国士兵认真地努力学习德语，了解德国传统，掌握德国历史、地理和文化知识，但这些人只是少数。许多美国士兵满足于把对德国的认识局限在酒馆、商店和黑市。他们对德国人的了解，几乎从没超过和性生活混乱的德国小妞厮混的程度。"①

虽然军政府对亲善活动本质上仍然持否定态度，但其采取的制约措施有限：军政府只保留了禁止和德国人通婚的规定；对私生子问题则采取消极回避态度。② 在局部地区，军政府曾经对和美军有染的德国妇女进行身份登记和身体检查，目的仅限于保证亲善对象的"质量"，对参与亲善的美方人员则完全放任自流。③

另外，为了宣传抵制亲善，美军《星条旗报》特意炮制了一个卡通人物——"维罗妮卡·非常感谢"(Veronica Dankeschön)。维罗妮卡被描绘成肥头大耳的金发德国少妇。她名字的缩写"VD"代表性病(英语 Venereal Disease)。此外，维罗妮卡的身上暗藏着许多纳粹万字符印，暗示这个女孩与纳粹势力的渊源深厚。维罗妮卡漫画是反亲善教育的延续——性病源于德国妇人，德国妇人与纳粹有染，这些潜伏的纳粹遗毒，时时刻刻处心积虑地把疾病传染

---

① *Relations of Occupation Forces Personnel with the Civil Population, 1946－1948*, pp. 46－47.

② *The First Year of the Occupation*, pp. 200－201.

③ John Willoughby, "The Sexual Behavior of American GIs during the Early Years of the Occupation of Germany", *The Journal of Military History*, Vol. 62, No. 1 (Jan., 1998), pp. 155－174.

给无知的美国占领军士兵。占领军当局的这种宣传，无疑是把亲善活动引发的祸害，完全推卸给德国人。①

综上所述，由于战后德国经济持续恶化，许多德国女性迫于生计不得不委身于占领军；反亲善政策的解除，促使美国军队有恃无恐地“日饮醇酒戏妇女”。占领军和他们的德国情妇在亲善活动中各取所需，因而一拍即合。他们的关系，既是一种畸形社会的情感纽带，也是一种赤裸裸的利益交换。当时的报道指出：

“柏林的女人们饥饿、寒冷、势单力孤。美国士兵有香烟，香烟能买到食物和煤炭。美国士兵有食物——巧克力、甜甜圈……美国士兵充斥着夜总会。美国士兵提供了一种安全保障，并为束手无策的城市提供了一种解决方法……其结果就是一场剧烈而大规模的猎艳的行动。女人们站在军人夜总会前，她们在红十字俱乐部前的街上游荡……‘Ich liebe dich’（德语：我爱你）……变得比‘How do you do?’（英语：你好吗？）更有意义……对一名士兵来说，由于孤独以及离家千里之遥，很难抵抗这种诱惑。”②

德国女人的说法相对暧昧：一些人坚持，自己与美国男人的恋情不是贪图物质享受，而是源于“彼此尊重和互生好感”，事实可能确实如此；不过，常见的情况是：食物代替了鲜花和珠宝，成为当时美国男人求爱的信物，有时约会的见面礼就是火鸡。同时，“亲善者”——占领军的情人经常面临道德堕落的指控。甚至一名后来

① Petra Goedde, *GIs and Germans: Culture, Gender, and Foreign Relations, 1945–1949*, pp. 92–93.

② John Willoughby, “The Sexual Behavior of American GIs during the Early Years of the Occupation of Germany”, *The Journal of Military History*, Vol. 62, No. 1 (Jan., 1998), p. 169.

成为美国人妻子的德国女人也曾抱怨:"有很多'垃圾'。她们想和美国人交好,无非就是为了捞取'好处',比如食物、糖果和香烟。"①

站在当代的伦理立场上,占领军和德国女人之间的"亲善"无可厚非。如果不带着某种民族主义的偏见看待亲善活动,那么它不过是个见仁见智的私人问题;对于德国女人来说,"亲善"往往是物质匮乏条件下的无奈之举。不过,在战后德国社会的背景下,亲善问题集合了性、食物和外国军队等各种极度敏感的因素。它就如同把炸弹扔进弹药库,势必会点燃一场大爆炸。

三、德国的抵制亲善运动

1945—1946年的多事之秋,柏林街头经常可以见到这样的标语:

德国妇人和少女的所作所为,让男人笑不出来,只能哭泣。

一块巧克力或一颗口香糖,就让她们化身德国娼妇。

如果这样的女人妄想找到德国丈夫,她就应该堕入地狱。

恶魔都不屑接纳这样的恶物,他把她们推入粪堆,

心中默念,让肮脏归于肮脏。②

这篇檄文的作者用诗意的语言,控诉亲善活动十恶不赦,"人

---

① Petra Goedde, *GIs and Germans: Culture, Gender, and Foreign Relations, 1945 –1949*, pp. 90 –91.

② Julian Bach, *America's Germany*, p. 110. in John Willoughby, "The Sexual Behavior of American GIs during the Early Years of the Occupation of Germany", *The Journal of Military History*, Vol. 62, No. 1 (Jan., 1998), p. 168.

魔共愤”。如果借用历史意识的术语加以诠释，这些标语显然是在认同意识和道德意识两方面为“亲善者”——占领军的德国情人建构了“可耻的背叛者”形象。

此类抗议的涌现，其实标志着一场声势浩大而又影影绰绰的“抵制亲善运动”(Anti-Fraternization Movement)已经悄然在德国美占区拉开帷幕。

在战后的德国社会，外国占领者和德国女人的性关系被赋予了浓重的政治色彩。约翰·列侬的名言是：要做爱，不要作战——在战后德国，做爱显然就是作战。用当时的段子说：“德国士兵抵抗了整整六年，德国女人只抵抗了短短五分钟。”①这种偏激情绪的成因主要是自二战末期以来德国社会遭遇的一系列内外变故：

在德国社会内部，战争失败让德国男性从纳粹时代的男权神话中猝然跌落，他们在两性关系中的主导地位也随之丧失：

“妇女的过分表现造成许多后果，尤其是在战后德国。德国男性卑屈和失势，他们从昔日气焰万丈的军队的超人，堕落为一堆衣衫褴褛的晚归战俘，茫然不知所措的遇到了一代严峻冷酷的女人，她们被迫学会没有男人的生存。”②

德国男权的衰落和同盟国军队的军事征服重创了德国人的精神世界。德国人，尤其是德国男性，往往赋予“性”政治含义，仇视占领军的“强权”和德国女人的“背叛”。具体到美占区，亲善活动——美国占领军和德国女人的跨国性关系，无疑成了德国人不

---

① Perry Biddiscombe, “Dangerous Liaisons: The Anti-Fraternization Movement in the U. S. Occupation Zones of Germany and Austria, 1945 – 1948”, *Journal of social History*, Vol. 34, No. 3 (Spring, 2001), p. 620.

② 托尼·朱特：《战后欧洲史》，第9页。

满的焦点。

在盟军实施反亲善政策期间，德国社会对于“男孩—女孩问题”的不满尚且有限。1945年6月，记者丹尼尔·德·鲁斯(Daniel de Luce)指出，德国男人对亲善禁令的态度是：“耸耸肩，觉得这个问题无关紧要，对此毫无兴趣。”①

1945年夏季，随着反亲善政策被逐步放松，亲善活动日益常态化和公开化。占领军和他们的女伴招摇过市被许多德国人视为侮辱。美国人对此也有所察觉：

“德国男人接受‘fratting’(亲善)的程度如同一个标志，体现了他们认同战败，压抑他们的民族自尊，转向新的更好的生活方式的程度。显然，德国女人伴随着美国征服者的形象更容易激怒一个‘思想陈旧’的德国人，而不容易激怒一个急于与我们合作的德国人。”②

事实上，仇视“亲善活动”的情绪遍及整个德国社会。其中表现最为激进的是德国的年轻男性，特别是被释放的德国战俘和有纳粹背景的小团体成员。

1945年夏秋之交，抵制亲善运动的第一起重要案件在海德堡市发生。当时，一名刚被释放的年轻德国战俘，突然袭击了一个和美军有染的德国女孩。此案是第一例因为仇视亲善活动引发暴力

---

① The New York Times, 13 June 1945 in Perry Biddiscombe, "Dangerous Liaisons: The Anti-Fraternization Movement in the U. S. Occupation Zones of Germany and Austria, 1945 – 1948", *Journal of Social History*, Vol. 34, No. 3 (Spring, 2001), p. 615.

② Julian Bach, *America's Germany*, p. 110. in *John Willoughby*, "The Sexual Behavior of American GIs during the Early Years of the Occupation of Germany", *The Journal of Military History*, Vol. 62, No. 1 (Jan., 1998), p. 168.

袭击,最后被诉诸法庭的事件。[①]

1945 年秋季,随着越来越多的德国战俘被遣返,抵制亲善运动愈演愈烈。

抵制亲善主要形式是暴力袭击占领军的情妇,同时剃光这些德国女人的头发。用剃光头羞辱私通敌人的妇女是战时遍及欧洲大陆的传统做法。1944 年法国解放时,剃头报复行动曾一度遍及全国。

除了暴力袭击外,隐蔽的抗议和恐吓也时有发生:

一张布告写道:"六年来,德国士兵奋勇抵抗,德国妇女却抵抗不了一块巧克力的诱惑。你们的亲人中没人死于前线或者空袭吗?"

无独有偶,卡尔斯鲁厄的一首民谣唱道:"他躺在大墓中,她躺在陌生人的床上。他为祖国倒下,她为巧克力折腰!"[②]

1945 年 10 月,随着反亲善政策被取消,抵制亲善运动逐渐达到高潮。

除了袭击占领军的情妇以外,某些地区甚至出现了袭扰美军的严重事态:

例如,军政府曾在报告中指出:"嫉妒不满的情绪正愈演愈烈,甚至引起了剃光妇女头发和袭击美军士兵的事件,至少已经发生

---

① Perry Biddiscombe, "Dangerous Liaisons: The Anti-Fraternization Movement in the U. S. Occupation Zones of Germany and Austria, 1945 - 1948", *Journal of Social History*, Vol. 34, No. 3 (Spring, 2001), p. 620.

② Perry Biddiscombe, "Dangerous Liaisons: The Anti-Fraternization Movement in the U. S. Occupation Zones of Germany and Austria, 1945 - 1948", *Journal of Social History*, Vol. 34, No. 3 (Spring, 2001), p. 620.

了一次致命枪击事件。”①

美军的情报汇总也显示:“某些地区的青年们在夜晚聚集起来,威胁美国士兵和他们身边的德国女人。”两周后,另一份报告提道:“有美国士兵被成群的平民打成重伤,夜间和德国女性外出是危险的举动。”②

美国第3军在1946年第2季度的《行动报告》中总结说:

“大量袭击和德国女孩在一起的美军人员的事件是亲善活动造成的仅有的严重后果……这些袭击大部分是德国男性平民的个人行为或者小团伙所为,他们借此表达对德国女孩与美国士兵交往的不满。”③

美军采取了一系列强硬措施,全力镇压抵制亲善运动:军政府在不稳定地区实施宵禁和戒严,派遣巡逻队展开盘查;美军士兵被勒令必须随身佩带武器。通过这些措施,1945年冬季,抵制亲善运动暂时平息。1946年以后,抵制亲善的暴力活动多次出现回潮迹象,直到1947年以后才趋于沉寂。

根据美国官方统计,1945年8月—1948年7月,在德国和奥地利美占区发生的抵制亲善运动中,共有90—100名妇女遭到殴打和剃发;另有100—110名男子因相关的暴力行为被捕。实际案发规

---

① NA RG 59, State Dept. Decimal File 1945 – 49, 740. 00119 Control (Germany), USFET MG Office, R&A Branch “Bi – Weekly Political Summary”, 31 October 1945.

② NA RG 59, State Dept. Decimal File 1945 – 49, 740. 00119 Control (Germany), USFET G – 2 “Weekiy Intelligence Summary” No. 14, 18 October 1945.

③ Headquarters, Third United States Army, “Report of Operations for the Quarterly Period 1 April – 30 June 1946”, 17, Box 80, RG 338, NA.

模可能更大。① 此外,轻微的羞辱和威胁,例如涂鸦、投掷杂物、攻击当事人家属、投递恐吓信等相当常见,无法确切统计。

抵制亲善运动在政治上的实际影响非常有限,基本没有撼动军政府的统治,但是对于德国社会而言,这场大骚动在社会、文化层面产生的反响十分显著:反亲善政策衍生的"亲善活动",由此被赋予了道德沦丧、出卖国家尊严的意味。

四、战后德国历史记忆中的"亲善者"形象

1946 年以后,美国军政府开始把占领军的家属运往德国;同时放宽美国军人和德国女人婚配的禁令。这些措施显著缓解了亲善问题。军政府的首脑克莱将军欣慰地指出,引入美军家属的举措"促使占领军更加稳定,我相信,我们不可能通过其他方式实现该目标。这项措施带来了更高的道德标准。我认为这是必须且重要的。"②

1948 年,西占区实施货币改革,此后德国经济明显改善。亲善活动日趋式微。

不过,德国社会对"亲善者"的憎恶并没有随着亲善活动的减少而销声匿迹。"亲善者"(fraternizer,有时也被蔑称为"美国佬的

---

① Perry Biddiscombe, "Dangerous Liaisons: The Anti-Fraternization Movement in the U.S. Occupation Zones of Germany and Austria, 1945 – 1948", *Journal of Social History*, Vol. 34, No. 3 (Spring, 2001), p. 625.

② Jean Edward Smith, Lucius D. Clay, *An American Life* (New York: Henry Holt and Co., 1990), p. 32 in John Willoughby, "The Sexual Behavior of American GIs during the Early Years of the Occupation of Germany", *The Journal of Military History*, Vol. 62, No. 1 (Jan., 1998), p. 173.

小情人"[Ami - liebchen])——美国占领军的德国情妇，被普遍视为盟国军事占领时期德国社会道德堕落和国家主权沦丧的象征，遭到各种文艺作品的不断挞伐。

1946年，画家厄尔文·奥尔(Erwin Oehl，1907 - 1988)，创作了画作《亲善》：

在画面右侧，强壮的美国军人洋洋得意地摆布提线木偶般的德国亲善者。他用一张笑意盈盈的面具，遮盖住德国女人哭泣的脸。亲善者裸露的大腿占据了画面中央。形容枯槁、拄着拐杖的德国男人被亲善者一脚踢开。后世学者认为，这幅画作寓意亲善者受到操纵、强颜欢笑，德国男人受到排挤、无力抵抗，整个德国社会痛苦万状，一切苦难的根源都是国家主权被外国占领者肆意把持。①

① Elizabeth Heineman, "The Hour of the Woman: Memories of Germany's 'Crisis Years' and West German National Identity", *The American Historical Review*, Vol. 101, No. 2 (Apr., 1996), pp. 383 - 385.

FIGURE 8: Erwin Oehl, "Fraternization," 1946. The fraternizer kicks the wounded German veteran; she in turn is manipulated by the American. Promiscuous female sexuality and foreign occupation combine to create an amoral order. The solution: restore both the national and the sexual order. Münchner Stadtmuseum.

《亲善》摘自 Elizabeth Heineman, "The Hour of the Woman: Memories of Germany's 'Crisis Years' and West German National Identity", *The American Historical Review*, Vol. 101, No. 2 (Apr., 1996), p. 385.

1955 年，作家汉斯·哈贝（Hans Habe，1911 – 1977）出版了描

述被占领时期的畅销小说《失限》(Off Limits,1955)。书中借一名委身于美国占领军的德国雏妓自杀的桥段,暗讽整个战后德国社会:

“她没有为成了妓女而感到羞耻,她是为所有人似乎都成了妓女感到羞耻……每当她经过,都有女人在外面等候着乐于助人的美国人——都是妓女。在‘穆克酒吧’,侍者们会让德国客人等候,但在美国人招呼他们时就会立刻迎上去——都是妓女。当食品办公室发放食品配给卡时,官员们会呵斥排了几小时队的德国人,但是当一个征服者走进房间时他们就会立刻跳起来——都是妓女。有时候,她听到父亲和邻居们的对话,他们互相确认彼此从来不是纳粹分子——都是妓女。前来拜访她的美国人,离开时会扶着墙走。都是妓女。在房子的墙上出现了越来越多的涂鸦:‘美国佬的妓女’。写上这些字的人自己也是美国佬的妓女。她疑惑了,什么时候每个人都成了妓女?”①

雏妓用“都是妓女”的说法,痛斥了被占领时期德国社会无处不在的虚伪。作者最后借美国官员之口,表明外国的军事占领本身是一切堕落的根源:

“占领是一种独裁,即使它穿着民主的外衣……我们一手捧着《圣经》来到这里,另一只手上却拿着皮鞭……我们相信我们自己是传教士,但是我们并不热爱我们统治下的人民。我们的努力遵循这样的格言:‘除非你愿意,否则我不会强迫你。’”

---

① Elizabeth Heineman, “The Hour of the Woman: Memories of Germany's ‘Crisis Years’ and West German National Identity”, *The American Historical Review*, Vol. 101, No. 2(Apr., 1996)

在这些文艺作品的基础上,“亲善者”最终上升为标志德国“危机年代”的三种妇女形象之一,成为战后联邦德国历史记忆中的重要组成部分。

德国传统的男性身份认同,随着纳粹德国的崩溃而瓦解。战后的联邦德国,根据德国在所谓“危机年代”(1942 年斯大林格勒战役—1948 年西占区货币改革)的德国妇女的特殊经历,重塑了国家的身份认同。

三种妇女形象中最早出现的是德国女性的“受害者”角色:她们是二战期间战略轰炸、失去家园和外国军队性侵犯的无辜牺牲品。德国人借此表明,他们的祖国不只是战争的施害者,这个国家本身也是战争的受害者。

三种妇女形象中最著名的是“废墟女人”(Trümmerfrau)。德国妇女不辞辛劳地清理瓦砾的画面,被定格为联邦德国的经济复兴——“凤凰涅槃”的象征。

在三种妇女形象中,“亲善者”(Fraternizer)无疑扮演了唯一的反面角色。沦落为占领军情妇的德国女人,隐喻被占领时期的德国道德堕落和主权沦丧。①

亲善问题是反亲善政策的后遗症:一方面,恰恰是反亲善政策赋予了占领军的德国情妇“亲善者”的名号;另一方面,亲善禁令的草草收场无疑是导致亲善问题迅速恶化,以至于引起德国社会强

① Elizabeth Heineman, “The Hour of the Woman: Memories of Germany's 'Crisis Years' and West German National Identity”, *The American Historical Review*, Vol. 101, No. 2(Apr. , 1996)

烈反弹的重要诱因。

不过,亲善问题在战后德国的不断发酵,显然和反亲善政策的初衷相去甚远:亲善活动被战后德国社会赋予了道德失范、主权沦丧的特殊意味。美国占领军和德国女人的亲密关系,激起了德国社会的抵制亲善运动,给军政府的统治制造了许多麻烦;更重要的是:在社会文化层面,"亲善者"作为道德堕落和国家主权沦丧的象征,导致战后盟军管制时期,取代了纳粹第三帝国时代,被德国人视为德国历史上最黑暗的一页——显然,这些意义和集体罪责的历史观念大相径庭、南辕北辙。

小　结

反亲善政策在战后德国如同石沉大海,由此衍生的亲善问题反而在战后德国一石激起千层浪。亲善问题对德国社会产生的影响,无论激烈程度,还是深远程度,都远远超过亲善禁令本身。

一方面,德国社会对反亲善政策反响寥寥,既是亲善禁令内在弊病的产物,也是战后初期德国社会用"集体抑制"回应盟国"集体罪责"指控的体现。[①]

客观上,反亲善政策在促使德国社会认清"罪责问题"方面,没有发挥建设性的作用。反亲善政策片面地强调"不理睬"德国人;军政府迟迟没有告知德国人禁令的存在;盟军在执行亲善禁令时

① 二战后初期德国社会对"集体罪责"的"集体抑制",参见克劳斯·费舍尔:《德国反犹史》,第495—504页。

的不彻底性——凡此种种,无一例外都阻碍了把"集体罪责"的思想——亲善禁令的真正主旨灌输给德国社会的努力。

主观上,战后德国社会普遍承认纳粹罪行的真实存在,但他们始终拒斥罪责的"集体性"。盟国谋求让德国民众认清集体罪责的措施,无论是亲善禁令的"暗示",还是暴行宣传的"明示",明显都无法促使德国人认同"集体罪责"。

另一方面,反亲善政策的后遗症——"亲善活动"在战后德国社会一石激起千层浪,这种局面无疑和美国出台反亲善政策的初衷背道而驰。

在反亲善政策的语境下,美国人试图扮演"正义化身"的角色,惩戒和教育"邪恶的德国";亲善活动则被描绘成"善花开出恶果":因为美国人心慈手软,结果纵容了德国人的邪恶阴谋。不过,在德国人的眼中,亲善活动则被演绎出了截然不同的弦外之音:"亲善者"——占领军的德国情妇,被指责为道德堕落的象征;亲善活动背后的"无情的操纵者"——美国占领军,则象征着盟国占领时期德国"主权沦丧"的"深重灾难"。

如果用一个词汇来形容反亲善政策对德国人的影响,那个词语显然应该是:适得其反。反亲善政策不但没有"教育"德国人认清自身的"罪责",反而弄巧成拙,影响了美国占领者在德国的形象。

不过,反亲善政策的失败并不意味着盟国改弦更张,放弃清算德国历史罪责的努力。恰恰相反,亲善禁令的徒劳无功,促使盟国围绕罪责问题展开了一系列建设性的政策调整,为此后德国社会的自我救赎奠定了基础。

首先,盟国没有放弃德国负有集体罪责的基本立场,而是对集体罪责的内涵进行深化。其重点从全盘否定德意志民族及其历史传统,转移到深刻挞伐纳粹政权及其大屠杀的暴行,进而细化到每一个德国人个体,作为德意志社会的一员,应当承担的具体责任。

其次,盟国没有放弃清算德国历史问题的最终目的,而是对实现目标的途径进行调整:"给德国人一个教训"的方式,从消极的"不理睬德国人",转化为积极的揭露纳粹罪行。从战胜国定罪,战败者受罚的单边灌输,转向盟国控诉,德国社会由知罪而论罪的双向互动。

最重要的变化是——盟国改造者重新定位了德国社会在罪责清算进程中扮演的角色。反亲善政策认定德国人是纳粹主义的信徒、军事强权的盲从者和拒斥自我反省的天然阻力;随着"再教育"的开展,德国的教会、政界、知识分子以及历史学家纷纷被纳入罪责讨论,由此,在广度上,对于集体罪责问题的关注,从个别的意见领袖扩散到整个战后德国社会;同时,在深度上,围绕德国历史传统的争议,由公共历史讨论触发系统性重构德国史叙述。

最终,罪行问题"德国化":外来的集体罪责指控,转变为德国社会内在的自我反省,尽管在战后初期的岁月中,德国社会自我反省的普遍性和深入性都相对有限。在此意义上,反亲善政策不失为一次重要的"试错"。

结　语

反亲善政策可以被比喻为一堂特殊的历史课：在战后德国这个虚拟课堂里，盟国试图通过“不理睬德国人”的方式，迫使德国人反思历史、认清集体罪责，进而为改造德国社会的现状扫清障碍，最终让德意志民族回归民主、和平的轨道。

反亲善政策的思想根源是“集体罪责”的历史意识——独裁统治和侵略扩张是德意志民族历史传统的必然产物，全体德国人必须为纳粹的倒行逆施承担罪责。

反亲善政策能否奏效，无疑取决于对集体罪责历史观念的三重建构是否成功：首先，政策的设计者——美国政府必须认同集体罪责，并把这种观念纳入对德政策；其次，教育者——盟军必须贯彻集体罪责的历史意识，自觉抵制“亲善活动”；最后，受教育者——德国人必须体会到自身罪责，最终接受同盟国的民主改造。

事实上，三重历史建构半途而废：战时美国政府认同集体罪责的思想；不过，亲善禁令在盟军中“极度不受欢迎”；[①]禁止亲善也

① Jean Edward Smith (ed.), *The Paper of General Lucius D. Clay*, p.42.

没能让德国人得到“一个教训”。

反亲善政策一败涂地的原因是多元的:例如军事行动观念的不合时宜,[①]以及战后德国社会的“女性化”[②]——欧美学者提出的这些观点基本都可以自圆其说。本文试图从历史意识的视角展开观察,把亲善禁令的兴废细分成两个层次的问题:

首先,德国集体罪责的历史意识本身是否存在问题?

其次,三重历史建构是否奏效?哪些环节出了问题?

一、德国集体罪责再思考

从历史学的角度看,集体罪责的历史观点确实存在严重的缺陷。

德国学者克劳斯·费舍尔(K. P. Fischer)曾经系统地批判过这种历史观念。他指出后人在反思纳粹德国时容易被道歉性的修正主义和“恐德症”这两种极端思路误导。

所谓“恐德症”正是“德国集体罪责”的历史观点:“许多人都为纳粹政权发动的罪行指控全体德国人,这是可以理解的;但这种一揽子的控诉意味着一种普遍性的罪行,并将全德国的人民都贴上同样的罪行标签。”[③]

“恐德症”并不是路德维希等人的独创。事实上这种思想在西

① Friedrich Baerwald, “Non-Fraternization: A Case Study of the Breakdown of an ‘Operational Concept’”, The American Catholic Sociological Review, Vol. 7, No. 1 (Mar., 1946), pp. 15 - 23.

② Petra Goedde, “From villains to victims fraternization and the feminization of Germany 1945 - 1947”, Diplomatic History, Winter, 1999, Vol. 23 Issue 1, pp. 1 - 20.

③ 克劳斯·费舍尔:《德国反犹史》,序言。

方源远流长：第一次世界大战时期，这种思潮就已经出现；二战结束以前，集体罪责观念主要针对德国的侵略扩张和独裁统治；二战后，随着纳粹迫害犹太人的暴行被揭露，“恐德症”指控的焦点逐渐转向了纳粹大屠杀。

“恐德症”的代表人物是美国学者丹尼尔·J·戈德哈根(Daniel J. Goldhagen)。戈德哈根在他的惊世之作《希特勒的志愿行刑者》中言之凿凿地指控：大屠杀的罪魁祸首根本不是少数纳粹党徒，而是广大德国民众。德国人不是被迫痛下杀手，而是主动大开杀戒——这些“普通”的德国人正是“希特勒的志愿行刑队”。①

虽然路德维希和戈德哈根的说法看上去都言之凿凿，但是实际上“恐德症”——集体罪责的历史观念在“历史性”和“普遍性”两方面都备受质疑。

一方面，德国的历史传统究竟需要对纳粹暴行承担多大责任？

费舍尔指出，这种观点带着偏见剪裁史料，因此扭曲了历史事实：

“德国历史时常被改造为所谓的异常思想观念和行为方式的实验室；过去的德国被设想成一种独一无二的连续统一体，截然不同于其他民族，因此也就孕育了一种变态的思想观念和行为——纳粹暴行。”②

本文对《德国人：一个民族的双重历史》和《德国口袋指南》的分析评价，显然印证了费舍尔对“恐德症”的批驳。

---

① 丹尼尔·乔纳·戈德哈根：《希特勒的志愿行刑者》，贾宗谊译，北京：新华出版社，1998年。

② 克劳斯·费舍尔：《德国反犹史》，序言。

国际史学界对纳粹暴政是不是德国历史独特性的产物至今仍然存在争议：

目的论的观点主要强调德国历史传统和纳粹暴行的密切关系。路德维希等人对德意志民族性格的抨击和戈德哈根对反犹主义的声讨都属于这种类型；

结构论的观点主张纳粹暴行是复杂结构因素的产物。例如，德国流亡学者就指出纳粹暴政是极权主义的一种形式；纳粹的兴起是资本主义内在弊病的畸变；“冷战”时期，美国史学界对纳粹德国的诠释也逐渐转向了对极权主义的研究。①

另一方面，纳粹罪责是否应该由“全体德国人”共同承担？

“恐德症”——集体罪责的历史叙事指责德国人普遍支持或参与了纳粹暴行。

艾米尔·路德维希指出：“几乎整个国家都参与或拥护了这场浩劫。”②

《德国口袋指南》提醒盟军：“11 年前，大部分德国人投票支持纳粹党。”③

戈德哈根强调暴行参与者数量庞大：“实际参与屠杀的人也是个很大的数目。数十万德国人在屠杀犹太人和非犹太人的机构工作。如果把使用和虐待奴隶劳工的人算进来，那么犯下滔天罪行的德国人可能达到数百万人。”④

---

① Henry Cord Meyer, *Five Images of Germany*, *Half a Century of American Views on German History*, pp. 39 – 51.

② 艾米尔·路德维希：《德国人：一个民族的双重历史》，第 454 页。

③ *Pocket Guide to Germany*, p. 4.

④ 丹尼尔·乔纳·戈德哈根：《希特勒的志愿行刑者》，第 38 页。

费舍尔质疑此类观点在逻辑上陷入误区:首先,局部现象无法推出整体真相;其次,暴行施害者的思想不能等同于全体德国民众的态度。

根据本文第二章和第三章的分析,罪责的普遍性在事实层面同样值得商榷:德国的老弱妇孺和大多数严重罪行基本无关;德国社会对纳粹支持的狂热程度和普遍程度也远不如盟军预想中严重。

由此可见,德国"集体罪责"就事实而言值得商榷,就情理而言有失公允。诚然,德意志民族对纳粹的侵略和屠杀难辞其咎,但是指控全体德国人尽皆有罪,无疑言过其实;毋庸置疑,德国的历史传统确实与纳粹政权的倒行逆施关系密切,不过指责所有德国人过去都曾经是、现在依然是潜在的纳粹分子,势必过于武断。退一万步说,艾米尔·路德维希本人就是一名清白无辜的德国正义之士。

同时,费舍尔敏锐地指出集体罪责——"恐德症"历史叙述的根本弊病——种族主义:"有健全思维的人都知道,把残酷的政府发动的罪行归罪于所有民众,这种思维方式和激发纳粹屠杀600万犹太人的非理智思维模式如出一辙。"①——回顾第一章不难发现,早在反亲善政策出台之前,就已经有美国知识分子指明了集体罪责观点背后潜藏的种族主义谬论。

由于集体罪责的观念严重曲解了德国,据此制定的反亲善政策明显过于偏激:无论是盟军对亲善禁令不切实际和违背人性的满腹牢骚,还是德国民众对反亲善政策意图的困惑和不解,此外还

① 克劳斯·费舍尔:《德国反犹史》,序言。

有盟军和德国人都无法认同的罪责的“集体性”——追根溯源，亲善禁令执行中层出不穷的困局，很大程度上都是集体罪责思想内在谬误的恶果。德国集体罪责的历史观念既是反亲善政策的缔造者，同时又给亲善禁令制造了一大堆麻烦。

二、三重历史叙事和两次矫枉过正

尽管集体罪责的历史意识漏洞百出，但这并不意味着反亲善政策必然失败。

纳粹当局依据种族主义史观炮制的生存空间和反犹主义理论，纯属捏造事实、颠倒黑白，可是许多德国人深信不疑，甘愿充当希特勒的“志愿行刑队”——由此可见，历史意识的正误并不必然决定相关政策的成败。

对反亲善政策来说，具有最大参考价值的对照样本无疑是再教育政策。

再教育(Re-education)与反亲善政策具有千丝万缕的关系：

再教育的始作俑者是范西塔特爵士，这项政策的思想根源是“范西塔特主义”——集体罪责思想；其主要措施是通过宣传和教育，向德国民众灌输民主观念；再教育初期的某些措施与反亲善政策尤其相似，例如关闭所有德国学校等。

反亲善政策草草收场，再教育运动却贯穿战后改造进程。虽然后人对再教育的评价毁誉参半，但它对战后德国民众思想的触动作用有目共睹：1947 年，美占区的调查显示，半数德国人认为再教育是德国的第三大迫切任务，其重要性仅次于经济生产和食物供应。①

两相对比,不难发现:反亲善政策的失败不只是集体罪责思想的弊病使然。三重历史建构过程中一定也出现了问题,才最终导致反亲善政策一败涂地。

如果仔细审视反亲善政策的兴废历程,不难发现三重历史建构中的后两次都以失败告终:

第一重历史建构发生在1941—1944年的美国。这次历史建构显然取得成功:以路德维希为代表的范西塔特主义派知识分子,成功地说服美国政府采纳"集体罪责"的历史观念,进而促成反亲善政策的出炉。

第二重历史建构发生在1944－1945年,地点转移到德国。盟军官方试图通过反亲善教育把集体罪责思想灌输给盟军士兵,促使他们扮演"教育者"的角色。不过,军方的努力收效甚微,亲善活动泛滥成灾,反亲善政策严重受挫。

第三重历史建构,原计划由盟军借助"不理睬德国人"的态度,激发德国社会的罪责意识。实际上"教育者"肆意妄为,"受教育者"茫然不知,第三重历史建构不了了之。反亲善政策衍生的亲善问题,反而在德国社会激起强烈反响。

在三重历史建构的两端——美国政府和德国民众,他们对于集体罪责问题的态度虽然南辕北辙,但是都具有高度稳定的特点:

一方面,美国政府坚持集体罪责的立场格外坚决:

美国对德占领政策的纲领性文件——参谋长联席会议第1067

① 战后同盟国对德"再教育",参见张沛:《凤凰涅槃——德国西占区民主化改造研究》,第205—232页。美占区的调查参见第227页。

号命令(JCS1067)把“集体罪责”列为指令第4条“美国军政府的基本目标”A款:

“对于自己招致的祸患,德国人无从逃脱罪责。”

反亲善政策紧随其后,被列为B款:

“实施占领和行政管理时应当坚决而冷淡。严禁和德国官员、平民亲善。”①

这种安排无疑表明:集体罪责不仅是反亲善政策的灵魂,也充当了战后美国对德政策的重要基石;相较而言,反亲善只是唤醒德国人罪责意识的重要手段。美国政府追究德国集体罪责的热情,直到美苏矛盾加剧后才逐渐消退。

另一方面,德国社会对集体罪责的拒斥态度也十分顽固。

当时,军政府要求德国人在领取食物配给证前,先观看关于集中营的纪录片,一位作家曾这样回忆自己的观影经历:

“在放映机忽明忽暗的光亮下,我看到电影一开始放映,大多数人就将脸背过去,就那样直到放映结束。如今我在想,这些转过去的脸就是当时千百万人的态度……不幸的人们——我也在其中——既伤感又麻木。他们对于‘被什么事情触动’和‘了解你自己’都不敢兴趣。”②

1947年11月的民意调查也显示,在40岁受教育9年以上的德国人中,无论认识美国人的人(68%),还是不认识美国人的人(70%),大部分都认为纳粹主义是一种好的思想。在两个群体中,

---

① Directive to the Commander in Chief of the U.S. Occupation Forces (JCS 1067) (April 1945), in United States Department of State, *Germany 1947–1949: The Story in Documents*. Washington: Government Printing Office 1950, pp. 22–28.

② 托尼·朱特:《战后欧洲史》,第42页。

只有40%的人认为德国人对希特勒掌权负有责任,1/4的人表示他们对希特勒的长期掌权负有罪责。①

面对"集体罪责"的指控,"将脸背过去"成了德国人"集体抑制"的写照。德国社会对于纳粹暴政的反思和忏悔,显然没有在战争结束后一蹴而就。

在三重历史建构中,真正能起到居中调适作用的其实是盟军(占领军):

盟军脱胎于美国(英国)社会,同时他们对德国的现实也有切身的体会;

盟军既亲眼目睹过纳粹德国的罪责,同时他们也了解德国社会的复杂性;

盟军肯定罪责的真实存在,同时质疑罪责的"普遍性"——他们对罪责问题的诠释,不但相对接近历史真相,而且在情理上也更容易为美德双方所接受。

然而,恰恰是在围绕盟军的两重历史建构的过程中,盟国决策者出现了两次不合时宜的"矫枉过正",对反亲善政策的前途造成了致命的打击。

第一次矫枉过正出现在盟军把反亲善的基本原则落实为具体政策时。

在战争背景下,盟军确实有必要坚持反亲善的原则。问题是军方把亲善禁令的具体措施规定得过于细致琐碎,把一切日常活动都提高到政治的高度严加管束,进而导致反亲善政策严苛、僵化

---

① Anna J. Merritt & Richard L. Merritt (ed.), *Public Opinion in Occupied Germany*, Urbana, Chicago, London: University of Illinois Press, 1970, pp. 202 - 203.

而且无法执行。正如美军士兵当时的抱怨：

“我们被禁止和士兵以外的任何人谈话，我们也不能去任何地方。我不知道他们希望我们待多久，但如果这样的情况持续更长时间，而我得不到休假的机会，我就会发疯……不能和士兵以外的人谈话，我认为没人能这样生活。”①

当亲善活动初露端倪之际，盟军统帅部没有根据德国的局势和军队的思想，适当地疏导亲善活动，调整反亲善教育，反而屈从于国内政治压力，偏执地强化亲善禁令，不断地重申反亲善的教条。

这次矫枉过正导致盟军基层官兵怨声载道，亲善禁令渐失人心，最终酿成了德国投降后亲善活动泛滥成灾的困局。

第二次矫枉过正发生在反亲善政策放宽和取消的过程中。

德国投降以后，盟军和德国社会的接触日益普遍，反亲善政策对德国民众的触动微乎其微。如何妥善地终止亲善禁令成了军政府当务之急。

恰在此时，军政府在取消亲善禁令的过程中再次操之过急，忽视了对占领军的行为施加足够约束，放任占领军，尤其是美军，在德国肆意“猎艳”。

军政府再次决策错误，造成占领军的军纪日益废弛。美军的报告指出：

“许多美国士兵满足于把对德国的认识局限在酒馆、商店和黑

① Johannes Kleinschmidt, “*Do Not Fraternize*” *Die Schwierigen Anfänge deutsch-amerikanischer Freundschaft*, *1944 - 1949*, Trier WVT Wissenshaftlicher Verlag Trier, 1997, p. 88.

市。他们对德国人的了解,几乎从没超过和性生活混乱的德国小妞厮混的程度。"①

由于缺乏必要的管束,亲善活动迅速演变为严重的社会问题,最终激起德国人的强烈反弹,致使"亲善"一词被永久地钉在德国历史记忆的耻辱柱上。

由此可见,盟军当局两次致命的"矫枉过正",阻碍了盟军在三重历史建构中发挥建设性作用——充当美国和德国之间的桥梁,进而调和双方对罪责问题的不同立场。因此,反亲善政策不但没有推动战后德国社会反省历史、认清罪责,反而破坏了占领军和德国人的关系——亲善禁令对战后德国的重建有害无益。

总而言之,反亲善政策是一堂没有完成的历史课。

在故事的开端,德国集体罪责的历史意识没有恰如其分地诠释历史,为德国的未来绘制准确的改造路线图,而是催生出了一种偏激的、不切实际的"惩戒"方案——反亲善政策。

反亲善政策要求盟军通过"不理睬德国人",给德国社会一个深刻的教训,迫使德国人认清自身集体罪责,从而一劳永逸地解决德国问题。不过,亲善禁令没有得到政策实际操作者——占领军的充分认同,结果在执行中陷入混乱,最终草草收场。与此同时,由反亲善政策衍生的亲善问题出人意料地席卷德国社会,最终,"亲善"成了战后德国挥之不去的耻辱记忆——反亲善政策没有解决困扰德国的历史罪责问题,反而加剧了战后德国社会的苦难。

不过,反亲善政策虽然没有解决纳粹德国的历史罪责问题,但

---

① *Relations of Occupation Forces Personnel with the Civil Population 1946 - 1948*, Historical Division, European Command, Karlsruhe, Germany, 1951, pp. 46 - 47.

它至少提出了问题——20 世纪上半叶，德国不但两次挑起世界大战，而且制造了耸人听闻的纳粹大屠杀，德国社会是否应该为这些暴行承担某种责任？德国历史传统的哪些积弊筑成了这些可悲可叹的历史浩劫，因而必须坚决予以铲除？

反亲善政策失败以后，由于“冷战”铁幕缓缓拉开，盟国对德国罪责问题的重视程度逐渐下降。不过，德国社会终究必须迈过这道门槛，才能成为一个正常国家。反亲善政策开启的这堂历史课没有曲终人散，而是未完待续：

反亲善政策悄然落幕以后不到一年，德国著名历史学家弗里德里希·梅尼克提笔写就了《德国的浩劫》。在这部沉抑困厄的压卷之作中，垂垂老矣的梅尼克掷地有声地忠告德国人：“后来的灾难的种子根本上就植根于此前的历史之中。”因此“我们现在必须和我们的军国主义过去彻底决裂”。[1]

反亲善政策没能给德国人一个教训，德国的罪责终究需要德国人自己救赎。

---

① 梅尼克：《德国的浩劫》，第 187 页。

附　录

《德国口袋指南》

Pocket Guide to Germany

封面：

这本小册子旨在向你介绍被占领国的相关信息。本手册的任何内容都不代表反亲善政策会有所放松。

请忠于为消灭德国战争狂人而牺牲的美国战上。

请勿亲善！

目录：

I. 你在德国的职责

无论你是在战争中攻入德国，还是在停战后进驻德国占领区，你都需要在敌人的土地上，履行一个军人的职责。

占领德国的任务将为你提供一个机会，你需要通过个人的努力保证，当你转身回国后，德国人不会再次举起武器发射子弹，或者向全世界掉以轻心的人们继续撒谎。未来和平面临的最大挑战之一，就是德国人民能否在民族大家庭中成为守法、有用的公民。

在德国的土地上，你必须遵守当地法律和法规，除非这些法律已被盟军官方修改或调整。

你应当考虑并尊重当地的风俗习惯,尤其是宗教信仰。

尊重财产权,肆意劫掠将是不可饶恕的行为。

洗劫果园、农场和未经允许侵占食品储备的行为,会受到军事法庭的审判和惩罚。

请牢记,被征服和被占领的国家会极度缺乏食物。肆意盘剥百姓将造成巨大灾难,最终导致你自己的工作遭到更大的阻碍。

为被占领国民众提供食物,一直给我军的补给线造成很大压力。请不要加剧这样的困难。

不要轻视敌人的战斗力。现在,你有一个很好的机会可以判断你以前的敌人多么善战。关键在于,我们无意在他人倒下之后再施以拳脚。

严禁亲善活动,这一点是毫无疑问的。除非获得上级允许,否则你决不能进入德国人的住家,或者用友善、亲切的态度和德国人交谈,无论是在公开场合还是在私人场合。

他们绝不能获得你的信任。

这项反亲善的警告并不意味着,你需要整天板着脸或者变成一台军事机器。你的态度不应该是严苛或令人生畏的。在美国,你与许多人仅仅是泛泛之交。你对他们彬彬有礼,但是从不和他们讨论私事,向他们泄露秘密,或者对他们给予信任。让这样的举止成为你的典范。

德国人将十分好奇,他们会对你兴趣盎然。他们的兴趣会从观察中产生。他们将注意到你精良的装备。他们会注意到你高额的收入(相对他们自己和其他欧洲国家)。他们会观察到你的斗志以及美国军队中互相尊重和彼此合作的精神。他们将会询问美国和美国人的生活。

尽你所能避免亲善活动和亲密关系,你可以凭借你的举止让他们一窥民主的生活:没有人是别人的主宰,个人的成功仅仅取决于自己的能力。

但是请不要争吵。不要试图说服他们。如果你为你的国家以及它的生活方式感到骄傲,你可以为这份骄傲埋下一粒种子,时间和其他东西将完成其他的工作。

与此同时,你在德国土地上的所作所为,将会不断向德国人展示,他们的优等种族理论是一种多么悲剧性的谬论,正是这种思想让全世界血流成河。根据他们的价值观,他们应该占领你的家园,而非由你来占领他们的国土。"优等种族"的谬论将不攻自破。

II. 警惕!

保持你的距离

你正处在敌国的领土上!

这些人不是我们的盟友或我们的伙伴。

他们被武力制服了。

无论他们表现得多么友善、懊悔,无论他们表现得多么厌恶纳粹党,德国人都已经犯下了反人类的罪行,他们不能仅仅举起双手,表示"我很抱歉",就获得原谅。

他们能否在体面的民族中挽回一席之地,取决于他们自己的表现。

不要忘记11年前，大部分德国人投票支持纳粹党掌权。

德国人都阅读过希特勒的《我的奋斗》。他们知道希特勒企图对少数民族和整个世界做什么。这本书已经把这些阴谋透露给了他们，可是他们中的大多数人仍然投票支持纳粹党，尽管这些人知道他们的选票会让纳粹党大权独揽，让希特勒成为德国总理。

随着希特勒的权力巩固，《我的奋斗》中的计划开始变成现实——种族压迫，吞并和平国家，最终征服世界。这伙匪徒的勒索行为却得到了德国人热情而积极的支持——只要这些行径取得成功。请牢记这些往事。

你在德国并不是为了抢劫或者虐待居民的。我们不是纳粹。

但是你在德国执行的也不是慈善活动。

擦亮你的眼睛

即使在德国投降或停战以后，在德国的土地上你也要擦亮你的眼睛。多加小心。

不要冒险。

你正处于不友善的领土上。你的生命甚至比战时更加危险。在战场上，每一秒你都需要睁大你的眼睛并保持警惕。那就是你活到今天的原因。现在你不能放松警惕。

在战争期间，德国人让50万名训练有素的杀手留在国内。他们是黑衣“党卫队”和希姆莱“盖世太保”的秘密警察部队。

德国战败以后，这50万军队会脱下制服，隐姓埋名地消失在平民中。此外，数以千计的盖世太保和德国军队也将如法炮制。

这并不意味着他们没那么危险了,反而会让他们变得更危险。这让他们能暗中发动攻击。

许多纳粹分子将转入"地下",他们会坚持表示他们一直是反纳粹和反希特勒的。

你必须继续当一名警觉的战士。

随时保护你自己。

提高你的警惕

你已经发现,战争不是一场足球比赛或拳击比赛。战争既不遵守既定的规则,也不会在"时间到!"之后戛然而止。

在体育比赛中,当铃声敲响回合结束时,只有粗心的选手才会垂下双手放松警惕。即使这样,如果他的对手扑上来,猛打他的下巴把他击倒在地,受害者也能从裁判那里讨回公道。当他苏醒后,他会发现他狡诈的对手已经被罚下场了。

战争和战后占领的区别在于,放松警惕的人将被打倒,而且再也没有机会苏醒过来。

不要忘记,现在你受命进入德国,部分是因为你的父辈在上一场战争结束之后没多久就忘记了战争是什么。他们理所当然地认为,1918 年停战后,德国人友好的欢迎名副其实。我们整个国家上一次都太轻易地放松了警惕。

这一次,你不能再接受如此友好的款待了。

德国人对美国的憎恨受到教育、宣传以及盟军空中轰炸精确度的加强。德国人相信,如果不是美国人的干预,现在他们征服世界的梦想早已实现了。

所以，继续举起你的左拳。除了自己人以外，不要相信任何人。

提高你的戒备，尤其小心14岁到28岁之间的德国年轻人。

自从1933年希特勒当权以来，德国青年被精心而彻底地灌输了征服世界、屠杀和欺诈（的理念）。

我们在美国引以为傲的那些精神，运动精神、正直和公平竞赛，通过教育被注入我们的年轻人体内。

绝大多数美国年轻人憎恨恐吓、鄙视告密、蔑视出卖朋友的人。

在学校，你从老师和其他孩子那里学到，欺压弱者或信口开河不是明智之举。当你比赛时，你被教育坚持到最后时刻，无论比分多么悬殊，你知道不能在比赛中作弊，如果你不能在公平竞争中取胜，那么你也得输得像个男人，你会和打败你的人握手。

你学会的这些规则是有益的。你从学校毕业后，遵守这些规则去生活，你属于一个自由人的共同体，所有的权力和权利都来源于民主制度。你对美国政府的忠诚，来源于你对这个民主国家的忠诚，管理这个国家的人是你自己选举产生的代表。

你知道，人生而自由、平等，这意味着你不比任何人优越，也不比任何人卑微，但你有机会通过公平竞争证明自己的能力。

自从1933年以后，德国男孩一直被蓄意灌输截然相反的教育。

你听说过这样的谚语——“弯曲的树苗长成弯曲的大树。”这句话的意思是所有人都是儿时教育的产物，童年是人们容易受影响的时期。

德国年轻人，在最具有可塑性的孩提时代，都被灌输了强者有权欺凌和毁灭弱者;背叛同胞甚至告发亲人都是崇高的行为;如果你可以通过旁门左道取胜,与通过其他任何方式取胜并无区别;许诺或者保证可以随时抛弃,仅仅在对自己的目的有利时才被遵守。

他被教育去折磨他人并忍受折磨。他被反复灌输,他是一个优等民族的一员,其他任何民族都是劣等民族,注定是他们的奴仆。

他学会了牺牲一切,他自己、他的家庭、甚至他的妻子,来为阿道夫·希特勒和纳粹党服务。他只是狂热地忠实于阿道夫·希特勒。希特勒是死是活,影响微乎其微。对希特勒的优等民族征服并统治世界的狂热依然存在。

他不会在停战协议签署和交战停止之后的一夜之间性情大变。在你挺进德国时,在被你占领的城镇和乡村里,他不会突然改弦更张。

德国青年仪表堂堂,很像你在美国一起长大的同胞。你也许会问自己,一个像我们一样的人,怎么可能笃信并做出那些我们知道他们笃信和做出的行径?区别在于他的内心——在他的性格中。为了你自己的安全以及你战友的安全,请永远不要忘记他是世界历史上最严重的教育罪行的受害者。

自童年开始,在所有的学校里,他就被灌输一种教条:力量、残忍和盲目的服从元首,元首将带领他和德国人民迈向统治全世界其他所有民族的主宰地位。在成长时期被持续反复地灌输这些教条之后,他变得对此坚信不疑。

纳粹教育灌输的后果是这些愚蠢的行为,成了现在德国青年的一种习惯。你必须准备好面对它。

当和平降临时,其他美国和盟国的代表会关注如何治愈德国人的疾病——永远摧毁德国妄图征服世界的武装力量和意志。你自己的职责将是认清这些事实并随时保护好你自己。

德国人怎样看待美国

你将发现,许多德国人一直抱有这样的想法,他们认为美国到处是牛仔、印第安人以及有钱的大叔。在经历过第一次世界大战的德国人记忆中,山姆大叔的形象是个富有的老吝啬鬼,他借钱给协约国并从他们的战争与死亡中赚取巨额利润。在那场战争以后,在纳粹掌权之前,德国人对美国有一种不同的印象——这个国度充满了摩天大楼和数以万计的小汽车、大工业生产和无尽的资源。

当时,德国人对美国充满了尊敬与钦佩,事实上20年代后期许多德国人都在讨论德国的“美国化”(Americanization)。大多数德国人都有亲属住在美国,或者他们的朋友在美国有亲属。人们还能回忆起占领莱茵兰的美军对当地人极为友善,美国也没有批准《凡尔赛和约》。

当纳粹掌权以后,他们试图证明纳粹德国比世界上任何国家都更加优越。他们认为抹黑美国,尤其是美国的民主制度特别重要。于是他们企图抹掉在魏玛共和国时期产生的对美国人和美国生活方式的所有良好印象。我们的国家被描绘成巨富和赤贫的两极分化,政客贪污腐化,帮派横行,普遍失业。

自从美国对德国开战以来,最恶毒的宣传开始产生。最初,我们的军队被描绘成战斗力拙劣的善良、单纯的小伙子们，当我们在非洲、西西里和意大利登陆，我们的空中堡垒日夜轰炸德国以后，他们改变了宣传口径。他们说我们的士兵邪恶而残忍，是帮派斗争和腐败的产物。他们说我们的军队轰炸教堂和医院，故意用机枪扫射妇女、儿童。

"借口"

德国的反美宣传证明，纳粹政权在战前和战争中最有力的武器就是谎言。

当德军士兵投降并停止抵抗后，这种武器不会被解除武装。

被打败的德国人可能会玩弄战胜者同情心。在1918年上一次战争结束后，德国人已经玩弄过这种伎俩，他们也许希望更大规模地故伎重演一次。

战争失败以后，你可以肯定，他将竭尽全力谋求和平。

他可能用花言巧语找出一堆"借口"；它们并不是什么好"借口"。

不要让你自己陷入与敌人的争辩中，但要了解祖国在战争中所处立场的事实真相，阅读一些典型的德国宣传口径，以及美国对此的回答：

德国的宣传："德国没有挑起战争。"

美国的答复："德国在1941年12月向美国宣战。5天前，德国的盟友日本袭击了珍珠港。至于英国和法国，他们在1939年9月为了实现他们对波兰的保证而参战。当时，德军无情地入侵波兰。在此之前，英国、法国和其他国家一样，都尽力满足希特勒和墨索里尼的要求，避免战争（记住1938年9月慕尼黑发生的事）。至于苏联，他在1941年6月对德国宣战，因为他遭到德国的入侵，德国公然背弃了《苏德互不侵犯条约》。”

德国的宣传：“即使可以肯定纳粹想要发动战争，德国人民作为一个整体想要和平——而且现在纳粹党已经垮台，一切都很好。”

美国的答复：“德国人当然想要和平，但前提是他们可以得到企图得到的一切（主宰全世界），而不需要为此发动战争。不过一个可笑的巧合是，在一代人的时间里，德国人民两次支持了他们的政府，皇帝（威廉二世）的政府和希特勒的政府，这两个政府都宣扬好战和侵略的政策，并且崇尚暴力，憎恨民主。”

德国的宣传：“为什么美国人敌视德国人呢？不是有几百万美国人是德国后裔吗？他们不是好公民、好人吗？”

美国的答复：“确实。但是移民美国的德国人是热爱自由、憎恶独裁的德国人。大批德国人移民美国是在1848年革命失败以后，这些德国男女抛弃了旧家园，试图在新国家寻找新机遇，而不是臣服于独裁政府。毫无疑问，这些勇敢者的后代已经准备好为他们的自由与任何来犯者作战。”

德国的宣传：“世界上真正的坏人是犹太人和天主教徒、共济会或共产党人，或者国际银行家，他们压榨人民并发动战争。”

美国的答复：“希特勒说过，如果他能撒一个足够大的弥天大谎，人们就会相信他。他通过宣传让太多德国人听信了他关于许多民族、信仰或阶层的谎言。但他没能让美国人民、英国人民或苏联人民被这些谎言蒙蔽。这就是他战败的原因。德国人一旦了解到事实真相,德国就会在民族大家庭中挽回自己值得尊敬的一席之地。”

德国的宣传:“第一次世界大战后,《凡尔赛和约》的条件残忍而且不人道,导致第二次世界大战难以避免。”

美国人的答复:“《凡尔赛和约》残酷的观点只是德国宣传的谎言,其影响十分广泛,并受到了一些人的认可。事实上,《凡尔赛和约》相比1917年德国人在《布列斯特-立托夫斯克》中强加给俄国人的条款要慷慨得多;盟国在第一次世界大战后对德国的协议相比德国人在1939年以后强加给被征服、被占领国家的条件也要慷慨得多。”

德国的宣传:“美国人加入这场战争毫无意义。他们没有为了本国的利益作战,而是为大英帝国和苏联共产主义者的野心效力。”

美国的答复:“我们以前听过这种说法了。而且我们知道,你们企图告诉英国军队他们在为美国的帝国主义野心而战。我们美国人为了美国而参加这场战争。我们为了打败德国人和日本鬼子而战,因为我们自己的自由遭到了威胁,也因为你们国家企图威胁英国、苏联、中国、法国和其他参战国人民的自由。”

正如你用你自己的武器和勇气打败他们一样,你也必须准备好用真相打败他们的谎言,用清醒的头脑打败他们以自怨自艾博取同情的企图。

否则,你就不得不重新拿起武器。如果你不这样做,你的孩子也得这样做。

德国人并不为欧洲数百万人的死亡、受伤、无家可归和残废感到遗憾，这是他们劫掠和征服欲望造成的后果。他只为他自己深感遗憾。他感叹战争造成的破坏，这些破坏是他自己最初强加给他人的，最终反过来伤害了他自己。他为他再次战败深感遗憾。

他企图让你也为他感到遗憾。不要让他得逞。

他非常狡猾，如果能和你对话，他就会尝试在你的头脑中播撒分裂、种族仇视和不满的种子。如果他这么做了，不要让他得逞。

德国人将会为自己的失败辩护，他会强调，全世界结成同盟，组成联合国才打败了他们。德国单独对抗整个世界。不要理睬他！相反，德国、意大利和日本结盟了。除此之外，谁先开始结盟的？

不要忘记：如果德国人计划复述他的历史，他至少会尝试散播纷争，从而为另一次征服世界的企图进行准备。

健康

战前德国人的健康状况很好。虽然发病率略高于美国，但是普通人走遍德国所冒的风险不会超过在美国国内旅行。城市的供水和餐饮都是安全的，乡村地区的可靠性稍差。在该国的相关地区，没有特别的疾病。

毫无疑问，德国的生活水平在战争期间有所恶化。供水不再那么可靠，食物也不再那么安全。斑疹伤寒疫情发生，虱子等寄生虫有所增加。肥皂短缺进一步降低了卫生状况。疾病盛行，其中包括性病。如果你暴露在性病的传染下，请立即请求预防性治疗。

总体而言，如果你遵循普通军队卫生措施，特别注意避免不安全的饮用水和食物，远离寄生虫，相比在其他国家的相似情况下，你将更容易远离疾病的威胁。

实际婚姻状况

现在你正处在外国领土上，你应该了解迎娶外国女子需要通过复杂的程序。在陷入罗曼史之前，请你牢记外国女子不能通过与美国人结婚自动成为美国公民。需要在美国居住三年，她才能取得申请资格。在所有情况下，你不能在未经指挥官许可的情况下结婚。即使你获得许可，在把妻子带回美国时也会遭遇困难，因为战争时期没有任何运输受抚养者的制度，在未来一段很长时间内似乎也不会有这样的制度出台。

III. 背景

纳粹真空

对于美国人来说，利用世界上最自由的媒体是人所共知的常识。一个国家在4年或更长的时间内完全隔绝于所有外来新闻之外似乎是不可能的，尤其是在无线电广播完善的情况下，但这就是发生在德国的情况。

自从希特勒上台以来，尤其是战争开始以后，德国民众就生活在一个真空之中，隔绝于事实真相和真实新闻以外。纳粹仅仅向这个真空中灌输他们希望人们听到的消息，他们认为这些谎言和误导对纳粹党的生存是不可或缺的。他们任意实施迫害和屠杀，以便保持自己的权势，实现征服世界的计划。他们镇压了所有政治反对派。他们把成千上万的无辜者驱赶到集中营。人们被禁止收听任何外国和本国广播,除了那些纳粹操纵的节目以外。

于是,德国人只能听到纳粹希望他们听到或读到的消息。在其他传说中,他们毫无保留地相信德国空军轰炸了并部分摧毁了纽约城,波兰人先袭击了德国人,英国人和美国人企图发动战争摧毁德国。

如果你仍然迷惑这样的事情怎么可能发生在现代,不要忘记柏林和纳粹曾经展开过一场大规模焚书运动,数个世纪以来的知识都被付之一炬。

尽管受到不公正地压迫,少数德国人冒着生命危险收听英国和美国发送的外国短波电台,有些小道消息暗中传播,但是没有影响到大多数德国人。当然,普通德国士兵完全不知道本国边境以外的世界上正在发生什么。

这些情况与你的关系在于,在占领过程中,在日常的接触中,当你尝试告诉德国人事实真相时,令人恼火的事情就会自然的发生,他们会鹦鹉学舌般地反复回答你:“都是谎言,都是民主宣传。”

不要与他们争论。

不要试图说服他们。

不要生气。

告诉他们:“好的,很快你就会搞清楚的。”并且走开。

通过不去尝试说服他们,或者不去同他们大喊大叫,通过保持沉默,你可以帮助在德国人中创造一种对真相和真实消息的真诚盼望与渴求,并摧毁他们对此的抵触。

回顾历史

你正在进入的德国是或者说曾经是一个独裁主义国家，由一个人独揽大权。

在这种政府之下，国家是高于一切的。人民自己没有权力，是国家的奴隶和仆从，与我们的情况相反，我们的政府和执政者是人民的仆人。

在纳粹上台以前，第一次世界大战以后，德国曾是一个共和国。1919 年 8 月 11 日出台的魏玛宪法是共和国的基础。

根据魏玛宪法的规定，德国人投票选举一位总统，总统当政七年。

他们有一个立法机构，联邦议会。议会的议席由政治党派通过民主选举产生。在议会占多数的党派或党派联盟推举他们的领袖在总统之下组建内阁。内阁包括总理、外交部部长、国防部部长等。在美国的党派系统中，赢得总统选举的党派可以在党员中组建内阁。

国家社会主义党的领袖是阿道夫·希特勒。纳粹党主张征服世界、国际勒索和暴力镇压宗教以及其他少数派。纳粹党的圣经和指南是希特勒的著作《我的奋斗》。纳粹党参加了议会选举。对数百万德国人来说，希特勒的政治纲领投其所好。他们为国家社会主义党投票，推动该党上台。兴登堡总统被迫任命希特勒为总理，由此终结了魏玛共和国。

兴登堡不久以后去世，魏玛宪法被废止。除了纳粹党以外的所有党派被解散。一切权力都集中到希特勒手中。希特勒带领德国和世界走向第二次世界大战。

纳粹党奉行彻底的独裁统治。为了确保自己的统治，纳粹党把党羽安插进所有国家要害部门，从柏林的中央政府一直延伸到每个小村庄——国家和党融为一体。大多数纳粹头目如赫斯、戈林、希姆莱、戈培尔、莱尔和其他你听说过的人物占据了柏林帝国政府的高层职位。大多数地方小头目同时拥有党内职务和市长、警察局局长、议员这样的政府职务。所有基本政策都是由纳粹党制定并授权。所有法律都由纳粹高层授意。最终，纳粹党的网络遍及警方和管制机构，覆盖全体人民，从而把耳目伸向所有角落，并把所有人纳入其中。

至于由各种组织机构进行的压迫和恐吓，你很难在一切结束之后想象它的全貌；但是你一定要准备好从人们的行为举止中找出各种蛛丝马迹。你需要熟悉一些名字和活动。党卫军（SS）在全世界臭名昭著，代表了纳粹主义最糟糕而危险的那一面。他们完全控制了德国和欧洲沦陷国家的警方，他们掌管集中营，他们拥有自己的军事力量（Waffen SS），而且他们需要对纳粹政权的大多数暴行负责。他们得到冲锋队（SA）的协助。摩托化的纳粹党军警被称为纳粹摩托化部队（NSKK）。

在这些军事组织之外，所有18岁以上的德国男女青年都被强制加入希特勒青年团（HJ），他们在那里为将来的军事生涯做准备，学习如何以纳粹的方式“正确地”思考。所有工人都强制加入德国劳工阵线（DAF），它是隶属于纳粹党和第三帝国的工会。工会协商所有合同，制定一切工资标准，决定工作条件和工作时间，甚至经由纳粹党制定的一项特殊计划，所谓“通过娱乐获得力量”计划，规定了休假时间。农民被迫加入德国农民组织，该组织指令他们耕种什么，销售什么，用什么样的价格销往何处。

德国的社会、专业和教育生活的方方面面都如出一辙。福利机构和慈善活动，尤其是在遭到空袭以后，都通过纳粹党的财政机关进行，由纳粹福利组织（NSV）负责实施。律师们被迫加入纳粹党律师协会，医生们加入纳粹党医生协会，学生加入纳粹党学生团体。所有体育赛事都是由官方和纳粹党联盟组织。几乎所有德国男人、妇女或儿童都被纳粹党组织或纳粹党下属机构组成的网络一网打尽。

这是一个古老故事残酷的新版本——这个故事是自古以来德国如何一再把民众组织起来武装成征服者。

德意志帝国

第一次世界大战以前，德国是霍亨索伦家族威廉二世皇帝统治下的一个帝国，这个家族是普鲁士王室的后裔。

你们的父辈曾经在1917年告别家园，扛起武器对抗“恺撒的计划”（Kaiser Bill），从而“恢复民主世界的安全”。

德国再次发动了一次泛日耳曼远征，以实现其征服与掠夺的欲望。泛日耳曼主义是德国征服世界梦想的名号。一首德国年轻人不久前在第二次世界大战中还在高唱的歌曲表达了这种思想——“今天德国是我们的，明天全世界（是我们的）……”

德意志帝国之前

1870年，俾斯麦在打败法国以后统一了德意志诸邦，开始了他征服全世界的梦想。俾斯麦是一个普鲁士人。他相信德国人的血统相比其他所有种族都更加高贵,他信仰钢铁般的纪律。他以德国的“铁血宰相”闻名于世。俾斯麦的野心在德国并不新鲜,但是他把这些计划付诸实际。如果他未能通过“权力政治”达成这些目的,他就派出他的普鲁士军队。对俾斯麦来说,力量就是权力,他蔑视议会政治。他是一个独裁统治者,而不是一个民主主义者。他为后来的德国领袖树立了一个榜样,德国人民则钦佩这种类型的统治。他们依然如此,正如我们所目睹的,这些年我们为此付出了代价。他们追随希特勒,一如他们在1914年追随皇帝,又如他们在19世纪听从俾斯麦的意志。

为什么你要与德国人作战

作为一位有教养的美国人,你已经知道了你为什么参加这场战争,但历史可以为你提供另一种教训。这些教训将增强你内心的信仰,使你明了参战的合理性和正当性。

从历史角度看,德国的侵略行为或者征服欲望并不新鲜。

数世纪以来,德国人好战的精神还仅仅折磨着他的近邻们。

直到最近,由于现代交通工具的发明和全球各地间距离的拉近,德国人才开始认真思考如何实现他们奴役全世界的野心。从此以后,你和你的国家也被卷入其中。

意大利、德国和日本的法西斯主义民众,最先摧毁了他们自己的自由,然后开始动用武力摧毁他们邻国的自由。我们曾经希望那些仅仅是邻居间的纠纷,与我们毫不相干。但是很快,我们开始认识到我们也是世界大家庭的一部分:航空与无线电广播使得各国宛如近邻。突然我们发现事情的发展着实突破了道义允许的底线。1931年,日本侵略中国。法西斯意大利于1935年入侵埃塞俄比亚,1936年,法西斯又干预了西班牙内战。

此后,德国于1936年派遣军队进入莱茵兰,违背了他自己许诺的义务。1938年,德国吞并奥地利;同年,德国肢解了捷克斯洛伐克并占领苏台德区。血腥而疯狂的进军由此开始:捷克斯洛伐克的其余部分于1939年被吞并。同年,德国入侵波兰。1940年,德国入侵丹麦和挪威,然后征服了法国。1941年,德国入侵巴尔干各国并进攻苏联。德国的侵略威胁了整个世界。

没有一个有自尊的人或者国家可以在一个强盗横行的世界里而对强盗放任自流。只剩下一个原则性问题——这是一个真切关乎个人与国家安全的问题。

全世界的法西斯分子组成联盟,攻击自由的信徒。只要有利时机一到,他们就准备侵袭一个和平国家。

自由世界无法继续听之任之。如果不进行抵抗,德国人将永远不会停止向其他国家进军。

只需看一眼德国的历史就知道了。

自1864年以来——在许多人一辈子的时间里——德国五次冲出了自己的边界,向其他国家发动侵略战争。

1864年进攻丹麦。

1866年进攻奥地利。

1870年进攻法国。

1914年进攻比利时和法国。

1938—1941年,进攻捷克斯洛伐克、奥地利、波兰、苏联、挪威、丹麦、南斯拉夫、希腊、比利时、荷兰和其他国家。

地形

德国的幅员与得克萨斯相当,但是地形和气候多变。地形崎岖,总体上说,有大片森林。

德国中部是大片低矮的山地,类似于卡茨奇尔山脉或蓝岭。这些山脉延伸到德国南部,黑森林覆盖了巴登和符腾堡。在德国的南部边界,阿尔卑斯山的海拔达到八千到九千英尺。若干条河流纵贯德国全境:西部有莱茵河;中北部有威悉河和易北河;东部有奥得河;南部则有多瑙河。覆盖德国北部的低地平原上分布着大片牧场和种植黑麦、小麦、燕麦以及土豆的田地,类似于美国的中西部。

许多德国人和外国人都认为德国是一个在乡村包围中夹杂着古朴的城镇的国度。事实并非如此。德国在最近70年中,已经成为领先世界的工业国,生产钢铁、煤炭、机械、纺织品、光学仪器以及化工产品。

这些工业散布在德国各地,其中大部分集中在稠密拥挤的几处工业区内,例如:鲁尔区,它从莱茵河延伸到多特蒙德,矿井、烟囱和高炉主宰了当地的地貌。在德国中部的许多工厂分布在汉诺威东南到德累斯顿一带。在德国东部,上西里西亚也分布着一片工业区。

战争之前,美国游客曾在夏天涌入德国,游览莱茵河沿岸的古代城堡、黑森林,以及巴伐利亚的阿尔卑斯山和中世纪城市,如柏林附近的勃兰登堡。

现在，美国人不再是前来观赏德国美景的游客，而是执行军事任务的军人。

气候

德国的气候类似于美国东海岸巴尔的摩和华盛顿一带。

如同在美国一样，四季分明。除了在某些山区，德国人不会经历我们在美国北部体验的极度严寒的冬季。

冬季很可能极度潮湿，而不是极度严寒。降雪不会在地面长期淤积，除非是在山区。在阿尔卑斯山地区，冬季严寒，降雪量极大。

夏季的平均气温不会超过美国，但是湿度可能很高，在德国北部你可能经历炎热、湿热、使人衰弱的日子。

Ⅳ. 总结

这本小册子重点关注了德国近期的情况，目的是在军事装备之外增加你的知识，有利于你实现既定的使命。这本小册子的目的不是高唱“仇恨的颂歌”（“Hymn of Hate”）反对敌人，也不是让你用德国隐瞒的残忍和暴行，对德国人偏执的思想展开报复。

德国近代历史的悲剧之一在于，她背叛了自身文明历史馈赠的遗产。这个国家曾经诞生了许多伟大的作家、哲学家、科学家、艺术家和音乐家。德国人民曾经以巨大的热情为人类造福，而不是毁灭人类。在即将到来的和平时期，希望德国人把精力更多地投入有益于世界的工作中，而不是他们过去的恶行中。

这场战争对你和数百万人来说都绝非易事。盟国有权对战争的责任人施加严厉的制裁。你作为一名美军士兵,有责任实现联合国希望通过这场战争赢得的东西——一个体面的和平的世界。

让你在德国的态度变得:

坚决(Firm)

公正(Fair)

冷淡(Aloof)

尤其是,对这本小册子试图告诉你的事情高度警觉,从而使上一代人因诚实而犯下的错误可以不再重演,并且用林肯的话说,告诉那些在这场战争中牺牲的战友,“这些死亡绝不会白费”。

V. 附录:(略)

货币、重量和度量衡
语言指导

参考文献

档案文件、回忆录、传记：

外文：

1. Beate Ruhm von Oppen（ed.）, *Documents on Germany under Occupation 1945 – 1954*, London, New York, Toronto: Oxford University Press, 1955.

2. *Cases & Materials on Military Government*, Civil Affairs Holding & Staging Area Presidio of Monterey, California, 1945.

3. Dwight D. Eisenhower, *Crusade in Europe*: London: Heineman, 1948.

4. *Enactment and Approved Papers of the Control Council and Coordinating Committee* 1945. Vol. 1, Compiled by Legal division, legal advice branch, drafting section office of military government for Germany, 1945.

5. *Foreign Relations of the United States*, Washington: Government Printing Office, 1963 – 1966.

6. Jean Edward Smith（ed.）, *The Papers of General Lucius D.*

Clay, Bloomington: Indiana University Press, 1974.

7. Lucius D. Clay, *Decision in Germany*, Garden City, New York: The Country Life Press.

8. *Military Government Handbook Germany*, *Headquaters*, Army Service forces, 1945.

9. *Pocket Guide to Germany*, U. S. Government Printing Office, 1945.

10. *Relations of Occupation Forces Personnel with the Civil Population 1946 – 1948*, Historical Division, European Command, Karlsruhe, Germany, 1951.

11. *The First Year of the Occupation*, Office of the Chief Historian European Command, Frankfurt am Main, Germany, 1947.

中文:

1. 艾森豪威尔:《艾森豪威尔将军战争回忆录》,刘卫国等译,北京:解放军出版社,2010 年。

2. 富兰克林·罗斯福:《罗斯福炉边谈话》,张爱民、马飞译,北京:中国社会科学出版社,2009 年。

3. 迈克尔·鲍尔弗、约翰·梅尔:《四国对德国和奥地利的管制 1945 – 1946 年》,安徽大学外语系译,上海:上海译文出版社,1995 年。

4. 斯蒂芬·E·安布罗斯:《兄弟连》,王喜六等译,南京:译林出版社,2003 年。

5. 迪克·温特斯:《亲历兄弟连——温特斯少校回忆录》,李霄垅等译,南京:译林出版社,2007 年。

外文专著:

1. Anna J. Merritt & Richard L. Merritt (ed.), *Public Opinion in Occupied Germany*, Urbana, Chicago, London: University of Illinois Press, 1970.

2. Earl Ziemke, *The U. S Army in the occupation of Germany, 1944 – 1946*, Washington: Government Printing Office, 1975.

3. Edward Norman Peterson, *The American Occupation of Germany: Retreat to Victory*, Detroit: Wayne State University Press, 1977.

4. Emil Ludwig, *The Germans: Double History of a Nation*, Boston: Little, Brown and Company, 1941.

5. Harold Zink, *American Military Government in Germany*, New York: Macmillan, 1947.

6. Henry Cord Meyer, *Five Images of Germany, Half a Century of American Views on German History*, Washiongton D. C.: Service Center for Teachers of History, 1960.

7. Johannes Kleinschmidt, "*Do Not Fraternize" Die Schwierigen Anfänge deutsch-amerikanischer Freundschaft, 1944 – 1949*, Trier: WVT Wissenshaftlicher Verlag Trier, 1997.

8. John Costello, *Virtue under Fire: How World War Two Changed Our Social and Sexual Attitudes*, Boston: Little, Brown and Company, 1985.

9. John Gimbel, *A German Community under American Occupation Marburg, 1945 - 1952*, Stanford, California: Stanford University Press, 1961.

10. Larry Hartenian & Lawrence Raymond, *Controlling Information in U. S. Occupied Germany, 1945 - 1949, Media Manipulation and Propaganda*, Lewiston Queenston Lampeter: The Edwin Mellen Press, 2003.

11. Louis Nizer, *What to do with Germany*, Chicago, New York: Ziff - Davis Publishing Company, 1944.

12. Maria Höhn, *GIs and Fräuleins: The German-American Encounter in* 1950*s West Germany*, Chapel Hill & London: University of North Carolina Press, 2002.

13. Petra Goedde, *GIs and Germans: Culture, Gender, and Foreign Relations, 1945 - 1949*, New Haven & London: Yale University Press, 2003.

14. Ragnhild Fiebig-von Hase, Ursula Lehmkuhl (eds.), *Enemy images in American history*, Providence: Berghahn Books, 1997.

15. Richard L. Merritt, *Democracy Imposed: U. S. Occupation Policy and the German Public, 1945 - 1949*, New Haven, Connecticut: Yale University Press, 1995.

16. Sigrid Schultz, *Germany Will Try it Again*, New York: Reynal & Hitchcock, 1944.

17. Steven Casey, *Cautious Crusade: Franklin D. Roosevelt, American Public Opinion, and The War Against Nazi Germany*, Oxford:

Oxford University Press, 2001.

18. Wolfgang Benz, *Deutschland unter alliierter Besatzung, 1945 – 1949/55*, Berlin: Akademie Verlag, 1999.

19. Wolfgang Benz, *Zwischen Hitler und Adenauer, Studien zur deutschen Nachkreigsgesellschaft*, Frankfurt am Main: Fischer Taschenbuch Verlag, 1991.

外文论文：

1. Barbara Marshall, "German Attitudes to British Military Government 1945 – 47", *Journal of Contemporary History*, Vol. 15, No. 4 (Oct., 1980), pp. 655 – 684.

2. Christina von Hodenberg, "Of German Fräuleins, Nazi Werewolves, and Iraqi Insurgents: The American Fascination with Hitler's Last Foray", *Central European History*, Vol. 41, No. 1 (Jan., 2008), pp. 71 – 92.

3. Daniel Glaser, "The Sentiments of American Soldiers Abroad Toward Europeans", *The American Journal of Sociology*, Vol. 51, No. 5, *Human Behavior in Military Society* (Mar., 1946), pp. 433 – 438.

4. Elizabeth Heineman, "The Hour of the Woman: Memories of Germany's 'Crisis Years' and West German National Identity", *The American Historical Review*, Vol. 101, No. 2 (Apr., 1996), pp. 354 – 395.

5. Erika Kuhlman, "American Doughboys and German Fräuleins: Sexuality, Patriarchy, and Privilege in the American – Occupied

Rhineland, 1918 –23", *The Journal of Military History*, Vol. 71, No. 4 (Oct., 2007), pp. 1077 –1106.

6. Ferdinand A. Hermens, "The Danger of Stereotypes in Viewing Germany", *The Public Opinion Quarterly*, Vol. 9, No. 4 (Winter, 1945 –1946), pp. 418 –427.

7. Friedrich Baerwald, "Non-Fraternization: A Case Study of the Breakdown of an 'Operational Concept", *The American Catholic Sociological Review*, Vol. 7, No. 1 (Mar., 1946), pp. 15 –23.

8. Heide Fehrenbach, "Rehabilitating Fatherland: Race and German Remasculinization", *Signs*, Vol. 24, No. 1 (Autumn, 1998), pp. 107 –127.

9. Henry M. Adams, "Operations of an American Military Government Detachment in the SAAR, 1944 –45", *Military Affairs*, Vol. 19, No. 3 (Autumn, 1955), pp. 121 –136.

10. John Gimbel, "American Military Government and the Education of a New German Leadership", *Political Science Quarterly*, Vol. 83, No. 2 (Jun., 1968), pp. 248 –267.

11. John Willoughby, "The Sexual Behavior of American GIs during the Early Years of the Occupation of Germany", *The Journal of Military History*, Vol. 62, No. 1 (Jan., 1998), pp. 155 –174.

12. Larry Hartenian, "The Role of Media in Democratizing Germany: United States Occupation Policy 1945 – 1949", *Central European History*, Vol. 20, No. 2 (Jun., 1987), pp. 145 –190.

13. Laura J. Hilton, "The Black Market in History and Memory:

German Perceptions of Victimhood from 1945 to 1948", *German History*, Vol. 28, No. 4, pp. 479 - 497.

14. Leonard Krieger, "The Inter-Regnum in Germany: March - August 1945", *Political Science Quarterly*, Vol. 64, No. 4 (Dec., 1949), pp. 507 - 532.

15. "Letter from a Soldier", *Journal of Educational Sociology*, Vol. 19, No. 1, *Adult Education* (Sep., 1945), pp. 49 - 51.

16. Morris Janowitz, "German Reactions to Nazi Atrocities", *American Journal of Sociology*, Vol. 52, No. 2 (Sep., 1946), pp. 141 - 146.

17. Norbert Muhlen, "America and American Occupation in German Eyes", *Annals of the American Academy of Political and Social Science*, Vol. 295, *America Through Foreign Eyes* (Sep., 1954), pp. 52 - 61.

18. Perry Biddiscombe, "Dangerous Liaisons: The Anti-Fraternization Movement in the U. S. Occupation Zones of Germany and Austria, 1945 - 1948", *Journal of Social History*, Vol. 34, No. 3 (Spring, 2001), pp. 611 - 647.

19. Petra Goedde, "From villains to victims fraternization and the feminization of Germany 1945 - 1947", *Diplomatic History*, Winter, 1999, Vol. 23 Issue 1, pp. 1 - 20.

20. Robert Engler, "The Individual Soldier and the Occupation", *Annals of the American Academy of Political and Social Science*, Vol. 267, *Military Government* (Jan., 1950), pp. 77 - 86.

中文专著和译著：

1. 埃德温·哈特里奇:《第四帝国》,国甫、培根译,北京:新华出版社,1982 年。

2. 艾米尔·路德维希:《德国人:一个民族的双重历史》,杨成绪、潘琪译,北京:东方出版社,2006 年。

3. 克劳斯·费舍尔:《德国反犹史》,钱坤译,南京:江苏人民出版社,2007 年。

4. 丹尼尔·乔纳·戈德哈根:《希特勒的志愿行刑者》,贾宗谊译,北京:新华出版社,1998 年。

5. 丁建弘:《德国通史》,上海:上海社会科学院出版社,2012 年。

6. 霍布斯鲍姆:《极端的年代》,马凡、赵勇、李霞译,南京:江苏人民出版社,2010 年。

7. 李工真:《德意志道路——现代化进程研究》,武汉:武汉大学出版社,2005 年。

8. 孟钟捷:《德国简史》,北京:北京大学出版社,2012 年。

9. 莫里斯·哈布瓦赫:《论集体记忆》,毕然、郭金华译,上海:上海人民出版社,2002 年。

10. 斯特凡·约尔丹主编:《历史科学基本概念辞典》,孟钟捷译,北京:北京大学出版社,2012 年。

11. 托尼·朱特:《战后欧洲史》,林骧华等译,北京:新星出版社,2010 年。

12. 王玮、戴超武:《美国外交思想史,1775 - 2005 年》,北京:人民出版社,2007 年。

13. 吴友法:《德国现当代史》,武汉:武汉大学出版社,2007 年。

14. 吴友法、邢来顺:《德国——从统一到分裂再到统一》,西安:三秦出版社,2005 年。

15. 张沛:《凤凰涅槃——德国西占区民主化改造研究》,上海:上海人民出版社,2007 年。

中文论文:

1. 李工真:《对纳粹暴政与德意志历史最早的反思——德国流亡社会科学家与纳粹主义研究》,《世界历史》2011 年第 3 期,第 55—65 页。

2. 李工真:《纳粹德国知识难民在美国的"失语性"问题》,《历史研究》2008 年第 6 期,167—187 页。

3. 孟钟捷:《"独特道路":德国现代历史研究的范式转变与反思》,《历史教学问题》2009 年第 4 期,第 56—59 页。

4. 任国强:《关于普鲁士历史评价的重新思考——对盟国管制委员会第 46 号令的驳正》,《德国研究》2004 年第 3 期,第 47—52 页。

5. 徐兆仁:《历史意识的内涵、价值与形成途径》,《中国人民大学学报》2010 年第 1 期,第 108—114 页。

6. 于述胜:《也谈人文社会科学研究的"历史意识"——基于教育研究的理论思考》,《教育研究》2012 年第 1 期,第 53—58 页。